Sonnenaufgang bei der Meilerhütte (links).

Wenn im Spätherbst im Tal der Nebel liegt, scheint bei Inversionswetter auf den Bergen die Sonne (rechts).

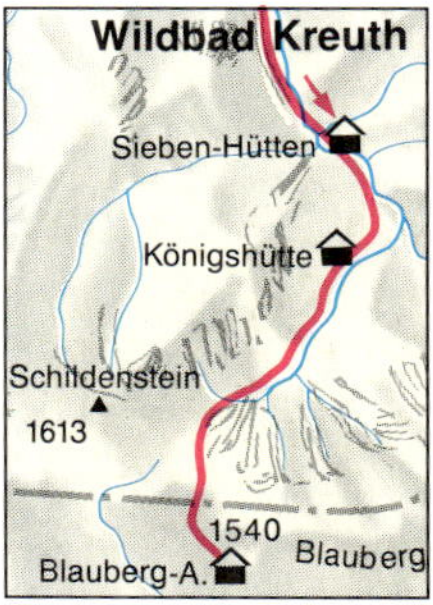

Touristische

Hilfreiche Tips für die Planung der Touren

Die gemütliche Rast auf der Terrasse ist Höhepunkt jeder Tour (oben). Das August-Schuster-Haus (unten) ist auf großen Andrang vorbereitet.

Alpine Gefahren

Bei Wanderungen im Gebirge sollte man die Gefahren, die vom Gelände und von plötzlichen Wetterstürzen drohen, keinesfalls unterschätzen. Erhöhte Unfallgefahr besteht im Frühling oder im Frühsommer auf Schneefeldern, die man auf keinen Fall begehen sollte, wenn sie unübersichtlich und steil sind.

Bei Gewitter Gipfel und Grate meiden, und am besten in Hütten Schutz suchen. Ist man unterwegs, mit geschlossenen Beinen in die Hocke gehen, Wanderstöcke weglegen und Wasserläufe meiden. Keinesfalls Seilsicherungen anfassen, da sie bei Blitzeinschlägen zu lebensgefährlichen Stromleitern werden. Nicht unter Bäumen Schutz suchen – auch nicht unter Buchen.

Alpines Notsignal

Das alpine Notsignal dürfen Bergsteiger nur geben, wenn sie in Not geraten sind und Hilfe brauchen. In 1 Min. wird mit gleich langen Pausen sechsmal ein Zeichen gegeben. Es folgt eine Pause von 1 Min., dann gibt man erneut das Zeichen. Solange, bis eine Antwort (3 Zeichen pro Minute) kommt. Die Signale können akustisch (Schreien, Pfeifen etc.) oder optisch (weißes Tuch, Spiegelung, Taschenlampe o. ä.) sein.

Der Rucksack eines Hüttenwanderers enthält allerhand an Ausrüstung.

Vorhergehende Doppelseite: Auf Deutschlands höchstem Gipfel. Selbst im Hochsommer kann auf dieser Höhe mitunter Schnee fallen.

Hinweise

Wer mit Stöcken wandert, schont, vor allem beim Abstieg, seine Kniegelenke.

Ausrüstung

Empfehlenswert ist warme Kleidung für kühlere Tage und zum Schutz vor Wind und Wetter. Außerdem sollte man bedenken, daß es auf den Bergen sehr heiß werden kann.

Trekkingstiefel sind ideal. Da sie über die Knöchel reichen, geben sie dem Fuß den nötigen Halt. Sie sind leicht und mit einer federnden Zwischensohle versehen, so daß die Gelenke geschont werden.

Wanderstöcke gehören zur Grundausrüstung. Sie erleichtern vor allem den Abstieg. Man sollte aber auf jeden Fall zwei Stöcke nehmen.

Der Rucksack sollte leicht sein, nicht allzu groß und ein Rückenteil mit Belüftung haben.

Wichtig ist auch die Verpflegung. Man rechnet 1 l (kohlensäure- und alkoholfreies) Getränk pro Wanderer. Bewährt haben sich Elektrolytgetränke. Auch eine Sonnencreme mit hohem Schutzfaktor gehört in den Rucksack.

Hütten

Die Hütten, die beschrieben sind, gehören dem Deutschen Alpenverein, dem Verein „Naturfreunde", dem Freistaat Bayern und sind z. T. privat. Sie sind für jedermann zugänglich, es ist aber ratsam, sich, besonders zur Ferienzeit, anzumelden.

Viel zu trinken, ist wichtig. Am besten erfrischt kühles Brunnenwasser (unten).

Touristische

Ein herrlicher Wandertag bei der Tegernseer Hütte (rechts), die zwischen Roß- und Buchstein liegt.

Mitnehmen sollte man einen Hüttenschlafsack und Hüttenschuhe. Auf bewirtschafteten Hütten gibt es in der Regel Frühstück, Mittag- und Abendessen. Um 22 Uhr ist im allgemeinen Hüttenruhe.

Auf der Terrasse der Meilerhütte (oben und unten). Diese Hütte im felsigen Wettersteingebirge ist ein wichtiger Stützpunkt.

Hüttenkategorien

Kategorie I Schutzhütte, die ihren ursprünglichen Charakter als Stützpunkt für Bergsteiger und Bergwanderer bewahren muß. Ihre Ausstattung ist schlicht und die Verköstigung einfach. Diese Hütte steht in einem bergsteigerisch bedeutsamen Gebiet und ist für den Besucher nur in Ausnahmefällen mit mechanischen Hilfen erreichbar. Für den Aufstieg benötigt man in der Regel mindestens eine Gehstunde.

Kategorie II Alpenvereinshütte mit Stützpunktfunktion in einem vielbesuchten Gebiet, die sich wegen ihrer besseren Ausstattung und Verköstigung für mehrtägige Winter- und/oder Sommeraufenthalte besonders eignet.

Kategorie III Mechanisch erreichbare Alpenvereinshütte, vorwiegend Ausflugsziel für Tagesbesucher. Mit nur wenigen Nächtigungen.

Informationen

Alpine Auskunftsstelle des Deutschen Alpenvereins: Praterinsel 5, 80538 München, Tel. 089/ 294940. Bergwetterdienst: 089/295070. Alpenwetterbericht: Täglich nach den 8-Uhr-Nachrichten im Hörfunkprogramm Bayern II des Bayerischen Rundfunks.

Karten
Trotz der Skizzen zu jeder Route, sollte man eine gute Karte, mindestens im Maßstab 1:50000, mit Wanderwegen mitnehmen. Bewährt haben sich die topographischen Karten des Bayerischen Landesvermessungsamts München (BLVA). Bei den Routen wird auf diese Karte hingewiesen.

Planung der Wanderung
Empfehlenswert ist ein zeitiger Aufbruch. Denn im Sommer ist es dann noch angenehm kühl, und im Frühling und Herbst, wenn die Tage kürzer sind, hat man länger Tageslicht. Auch Gewitter kommen in der Regel erst am Nachmittag auf. Bergwanderer sind Ausdauersportler, keine Sprinter. Bitte lassen Sie sich deshalb niemals auf Wettrennen ein. Auch der Rückweg erfordert noch Kraft und Konzentration, deshalb sollte man mit seinen Kräften haushalten. – Die mit gekennzeichneten Touren sind auch für Kinder geeignet (hinsichtlich Länge und Schwierigkeit).

Auf dem Gipfel des Roßsteins (oben). Von hier sind es nur noch wenige Schritte bis zur Tegernseer Hütte.

Spätestens an diesem Schild (unten) merkt jeder, daß man zum Wandern geeignetes Schuhwerk benötigt.

Hütten zwisc

Wo Wanderer gerne einkehren

Die Höllentalangerhütte (oben) mit den markanten Wettersteinwänden vor der Zugspitze – vor dem Haus blüht das Geschnäbelte Läusekraut (unten).

Die Königsalm (rechts), dahinter das Kavaliershaus. Ein Abstecher zu dieser bewirtschafteten Alm ist besonders lohnend (siehe Tour 16).

en Lech und Inn

1 Säulinghaus

Von Neuschwanstein herauf

3 Std. / mittel bis anspruchsvoll / 910 m

HÜTTE 1720 m, 30 Betten, 50 Lager, bewirtschaftet von Anfang Mai–Ende Oktober. Tel. für Anmeldung: 00 43/5672-296 32; Hütte (ab 18 Uhr) 00 43/663-547 41. TVN Ortsgruppe Augsburg, Wirt: Sepp Rieger.

AUSGANGSPUNKT Mit dem Auto über Weilheim, Steingaden nach Hohenschwangau. Gebührenpfl. P für Königsschlösser ab 8 Uhr (810 m). Ab München 120 km, Bahn bis Füssen, Bus.

SCHWIERIGKEIT Aufstieg mittelschwer, Rückweg anspruchsvoll.

CHARAKTER Der Aufstieg ist zunächst nicht besonders spannend. Erst unter den markanten Felsenwänden des Pilgerschrofens und bei den eindrucksvollen Ausblicken von der Hüttenterrasse ins Lechtal wird diese Wanderung lohnend.

KARTE Blatt Werdenfelser Land, 1:50 000, BLVA.

Das Säulinghaus, im Jahr 1927 gebaut, ist bisher von Lawinen- und Brandkatastrophen verschont geblieben. Gipfel: Säuling (2047 m, ca. 1 Std.).

Aufstieg Man folgt dem asphaltierten Fußweg zum Schloß Neuschwanstein und weiter bis fast zur Marienbrücke (964 m). Dort rechts (S), auf den Brunnenstubenweg, der nach einer scharfen Kehre gegen SO bergwärts führt. Nach einer

Der Säuling (oben) ist ein geschätzter Wandergipfel.

Auf dem Bergpfad zwischen Säuling und der Bleckenau (unten) führt ein kurzes Stück über eine Leiter.

Wie aus dem Märchen: Schloß Neuschwanstein (unten rechts).

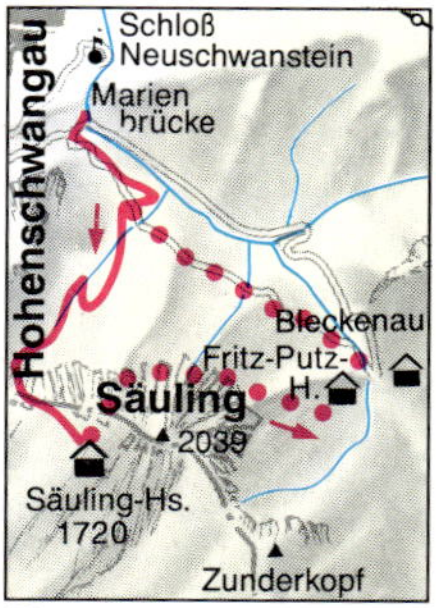

kurzen Strecke wieder rechts und nach S am Fahrweg durch den Wald hinauf. Auf der Höhe von ca. 1210 m rechts am Wanderweg durch schönen Laubwald und in weiten Kehren zur Wildsulzhütte (1420 m). Dort rechts und zwischen Älpeleskopf und Pilgerschrofen steil gegen SW bergwärts. Aus dem Sattel auf 1510 m steil bergab, um den Pilgerschrofen herum und zum Säulinghaus.

Abstieg Auf einem gut angelegten Felsensteig in den Sattel zwischen Pilgerschrofen und Säuling kraxeln. Aus diesem Sattel, mit einem einmaligen Rundblick, am steilen, felsigen und teilweise ausgesetzten Steig nach NO hinab. Vor allem bei Nässe ist der Abstieg kritisch. Durch den Wald in der gleichen Richtung weiter auf ca. 1500 m, dann rechts und relativ eben um die nördlichen Felsausläufer des Säulings herum. Bei der Wegverzweigung im Wald links und am steilen Steig zur Fritz-Putz-Hütte und zum Königshaus in der Bleckenau. Von hier mit dem Bus oder zu Fuß in 1 Std. zum Ausgangspunkt zurück.

Am Fuße des Pilgerschrofens, einem rassigen, aber geschätzten Kletterberg, steht das Säulinghaus.

UNSER TIP! Auch im Königshaus in der Bleckenau, heute eine gute Wirtschaft, kann man einkehren.

NOCH EIN TIP! Wen der Touristenrummel nicht stört, kann Schloß Neuschwanstein besichtigen. Der bayerische König Ludwig II. ließ sich das Schloß 1869–1886 im neuromanischen Stil errichten.

2 Kenzenhütte

Über dem Wankerfleck

3 Std. / leicht / 500 m /

Der Geiselstein (oben), ein beliebter und berüchtigter Kletterberg, überragt den idyllischen Wankerfleck.

Der Bockstallbach (unten) liegt unter der Kenzenhütte.

HÜTTE 1294 m, 60 Lager, bewirtschaftet Ostern und von Christi Himmelfahrt – dritter So. im Oktober. Tel. 08368/379 und 390. Privat, Familie Mößmer.

AUSGANGSPUNKT Mit dem Auto über Weilheim, Steingaden nach Halblech, P am südl. Ortsrand (795 m). Ab München 100 km, Bahn bis Füssen, Bus.

SCHWIERIGKEIT Leicht, aber sehr weit.

CHARAKTER Die Landschaft im Naturschutzgebiet und die Ausblicke zu den wilden Felsenbergen um die Hochplatte.

KARTE Blatt Werdenfelser Land, 1:50000, BLVA.

Die Kenzenhütte, ein ehemaliges Jagd- und Holzerhaus, wurde erstmals im 16. Jahrhundert erwähnt. Wann die heutige Hütte entstand, ist unbekannt. Jedenfalls wurde sie nach 1918 erweitert, was alte Fotos belegen. Gipfel: Hochplatte (2082 m, 3 Std.), Geiselstein (1884 m, 2 Std., anspruchsvoll), Vorderscheinberg (1827 m, 2,5 Std.), Grubenkopf (1847 m, 1,5 Std.).

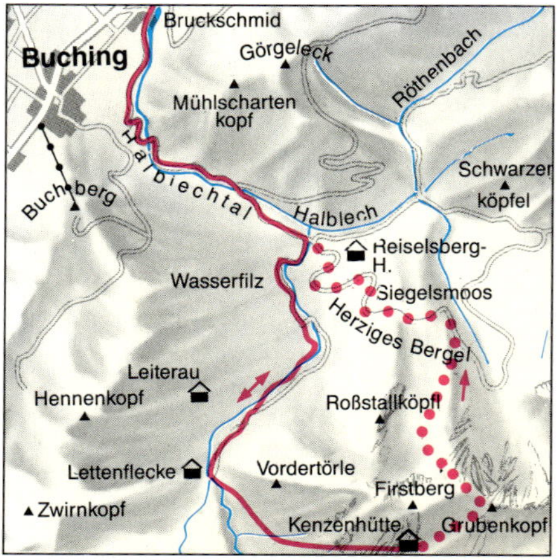

Aufstieg Der 12 km lange Zuweg kann mit Bus oder Fahrrad überwunden werden; lohnend ist er aber auch zu Fuß. Zunächst geht man 1 Std. auf der Asphaltstraße, vom Sägewerk gegen S, später SO, durch das Halblechtal. Kurz vor der Reiselsbergbrücke weisen Wegtafeln die Route nach S ins Lobental. Der Fahrweg steigt nur wenig an, bei der Klamm wendet er sich gegen SW. Man passiert Kraftwerke und Stauwehre, bis man beim Lettenfleck das Lobental verläßt. Ein schöner Wanderweg führt in die Bockstallschlucht und verläuft im eindrucksvollen Bachgraben, in dem der Wildbach rauscht. An seinem Ende stößt das Weglein zum Stauwerk des Bockstallsees. Von dort eben zum Wankerfleck, einem weiten Boden mit Ahornbäumen und kleiner Kapelle auf 1148 m. Über die Straße und wieder durch einen schattigen Bachgraben durch den Jägerswald, auf einem Steg über den Bach, zur Bergwachthütte und dann am Fahrweg bis zur Kenzenhütte.

Abstieg Entlang der Aufstiegsroute.

Wer Glück hat, findet einen Platz auf der Terrasse der immer gut besuchten Kenzenhütte.

UNSER TIP! Ein anspruchsvollerer Rückweg führt durch den Bäckenalmsattel (1536 m) zur Hirschwanghütte (1713 m) und zum felsigen Grubenkopf (1847 m). Von dort Richtung Firstberg und zwischen Roßstallkopf und Roßstallköpfl auf Forstwegen zum Herzigen Bergl und durch das Halblechtal nach Halblech (4 Std.).

3 Brunnenkopfh

Im Herzen der Ammergauer Alpen

2 Std. / leicht / 660 m /

Hinter den Brunnenkopfhäusern erhebt sich der Brunnenkopf (oben), ein Gipfel mit herrlichem Blick zur Großen Klammspitze.

Wenn die Zeit der großen Touren vorüber ist, stapfen nur unerschrockene Wanderer durch den Schnee nach Schloß Linderhof (unten).

HÜTTE 1602 m, 35 Lager, bewirtschaftet von Mitte Mai–Mitte Oktober. Tel. 0161/1825190, DAV Sektion Bergland.

AUSGANGSPUNKT Mit dem Auto: Autobahn bis Eschenlohe, weiter über Oberau nach Ettal und im Graswangtal bis Linderhof (942 m), P. Ab München 90 km.

SCHWIERIGKEIT Bis zur Hütte leicht, auf Wanderwegen. Der Abstieg führt über zwei Gipfel, für die Trittsicherheit erforderlich ist (4 Std. für den Abstieg).

CHARAKTER Die Wanderung zu den Brunnenkopfhäusern führt durch eine, für die Ammergauer Alpen typische Landschaft: ausgedehnte Wälder in Talnähe, kaum Weiden und langgezogene Gipfelgrate. Ein gut ausgebautes Wegenetz lädt zu Wanderungen ein.

KARTE Blatt Werdenfelser Land, 1:50000, BLVA.

Unter dem felsigen Brunnenkopf ducken sich die Hütten der Brunnenkopfhäuser, 1922 erbaut, an den steilen Wiesenhang. Gipfel: Brunnenkopf (1718 m, 15 Min., sehr lohnend), Hennenkopf (1768 m, 1 Std.) und Große Klammspitze (1924 m, 1 Std.).

Aufstieg Von Linderhof, am Rande des Dreisäuler Grabens, in den Linderwald. Anfangs nach NW,

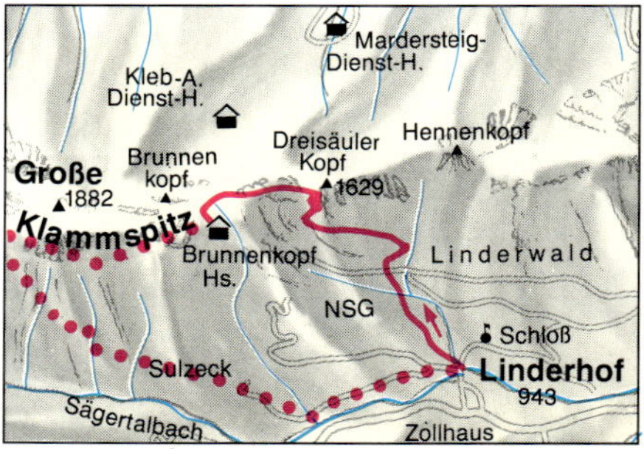

dann nach N und bei 1120 m auf einen Fahrweg, dem man kurz nach links (W) folgt. Am Weglein wieder von der Straße weg und gegen N durch den Linderwald. Bei 1260 m nach W und zum Grateinschnitt zwischen Dreisäulerkopf und Brunnenkopf. Einige Meter nach links (S) zur Hütte.

Abstieg Entlang der Aufstiegsroute. Lohnend ist der Weg über Große Klammspitze und Feigenkopf. Von der Hütte über steile Wiesen und unter der Kleinen Klammspitze in schrofiges Gelände. An bizarren Felsen rechts vorbei, in eine schmale Scharte, von O durch Felsen zum Gipfelkreuz der Großen Klammspitze. Dem Klammspitzgrat nach W folgen, bis in den Sattel zwischen Klammspitze und Feigenkopf, dann weiter zum Feigenkopf (1857 m). Auf ausgedehnten Wiesen nach W bis kurz vor den Neuweidgraben. Dort links zur Hirschwanghütte. Steil in den Bäckenalmsattel (1536 m) und links gegen O durch den Bachgraben hinab. Am Fahrweg durch das Sägertal und den Lindergrieß entlang nach Linderhof zurück.

Willkommen ist eine Rast auf der Terrasse der Brunnenkopfhäuser. Erbaut wurde die Hüttenanlage im Jahr 1922.

UNSER TIP! Besuch von Schloß Linderhof. Auch ein Schloß König Ludwigs II., das er sich von 1874–1878 nach dem Vorbild des Petit Trianon in Versailles errichten ließ.

August-Schus

Neben dem Pürschling

2,5 Std. / mittel / 620 m / 👪

Hochbetrieb herrscht auf der Hüttenterrasse des August-Schuster-Hauses (oben).

Ein Ausgangspunkt für die Tour zum Pürschling ist Unterammergau (unten).

HÜTTE 1564 m, 54 Betten, 12 Lager, ganzjährig bewirtschaftet, November geschlossen. Tel. 08822/3567, DAV Sektion Bergland.

AUSGANGSPUNKT Mit dem Auto: Autobahn bis Eschenlohe, weiter über Oberau nach Ettal und im Graswangtal bis Linderhof (942 m), P. Ab München 90 km.

SCHWIERIGKEIT Mittel (ein Steilstück im Wald), von Unterammergau herauf sehr leicht (auf Fahrwegen).

CHARAKTER Der Hüttenanstieg in den finsteren Wäldern der Ammergauer Alpen, hoch über Linderhof, ist, obwohl das Schloß immer von vielen Menschen besucht wird, einigermaßen ruhig. Beim Aufstieg wenig freie Blicke, was sich erst kurz vor der Hütte und beim anschließenden Aufstieg zum Teufelstättkopf ändert. Da ist der Blick dann auf das benachbarte Wettersteingebirge mit der markanten Zugspitze frei.

KARTE Blatt Werdenfelser Land, 1:50000, BLVA.

Das August-Schuster-Haus (auch Pürschlinghaus) steht direkt neben den beiden Felsenzäckchen des Pürschlings und ist eine der neueren Alpenvereinshütten. Erst 1972 gebaut, hat es sich einen festen Platz unter den beliebten Hütten erobert. Allerdings scheinen die sanitären Anlagen

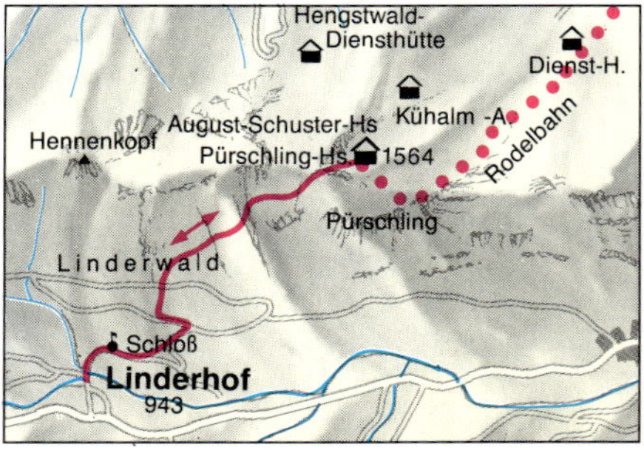

nicht in Ordnung zu sein, denn auf der Terrasse riecht es manchmal sehr unangenehm. Gipfel: Teufelstättkopf (1758 m, 30 Min.), Laubeneck (1758 m, 45 Min.), Hennenkopf (1768 m, 1 Std.), Dreisäulerkopf (1629 m, 1,5 Std.).

Aufstieg Hinter den Wohnhäusern am markierten Weg nach N in den Linderwald hinauf. Man stößt auf eine breite Forststraße, der man etwa 5 Min. gegen O folgt Bei der beschilderten Abzweigung die Straße nach links verlassen und durch den Wald hinauf. Bald ist wieder eine Straße erreicht, die man quert und in steilem Waldgelände nach N, später nach NO aufsteigt. Vor dem Kälberalpgraben nordwärts bis zu einem kleinen Wasserfall. Von dort wieder gegen O und die steilen Hänge unter dem Laubeneck und dem Teufelstättkopf queren. Die Pfadspur weist eben zum August-Schuster-Haus am Pürschling und tritt aus dem Wald heraus. Von der Hütte sind es nur einige Minuten zum zweigeteilten Pürschling-Gipfel.

Abstieg Entlang der Aufstiegsroute.

Das August-Schuster-Haus am Pürschling wird das ganze Jahr über von Wanderern besucht.

UNSER TIP! Von Unterammergau führt der Anstieg bis vor die Hüttentür auf Forstwegen. Wenn nicht allzuviel Schnee gefallen ist, kann man die Strecke auch im Winter gut wandern. Dann lohnt es sich, einen Schlitten mitzunehmen, um in zünftiger Fahrt durch die Wälder hinunterzurodeln.

5 Höllentalang

Durch die Höllentalklamm

2 Std. / mittel / 630 m

Majestätisch ragt der Zugspitzgipfel (oben) empor.

Das eindrucksvolle Wasserschauspiel im Höllental (unten).

Das Panorama: Alpspitze, Waxenstein und Zugspitze (unten rechts) ist immer wieder beeindruckend.

HÜTTE 1387 m, 90 Lager, bewirtschaftet von Anfang Juni–Mitte Oktober. Tel. 08821/51181, DAV Sektion München.

AUSGANGSPUNKT Mit dem Auto: Autobahn bis Eschenlohe, weiter über Garmisch nach Hammersbach (758 m), P hinter der Querung der Trasse der Bayerischen Zugspitzbahn. Ab München 100 km.

SCHWIERIGKEIT Mittel. In der Klamm stellenweise rutschig. Gutes Schuhwerk und Regenbekleidung notwendig. Für den Abstieg ist Schwindelfreiheit von Vorteil.

CHARAKTER Der Zugang zur Höllentalangerhütte führt auf Fahrwegen, einem Wanderweg und einem Steig durch die lange, eindrucksvolle Höllentalklamm. Die Route ist landschaftlich hochinteressant, und von der Hütte bietet sich ein atemberaubender Panoramablick mit der Zugspitze.

KARTE Blatt Werdenfelser Land, 1:50000, BLVA.

Die Höllentalangerhütte, am oberen Rand der Höllentalklamm, wurde schon 1893 erbaut. Sie ist ein Stützpunkt für Bergsteiger, die auf die Zugspitze wollen, aber auch Ziel für Tagesgäste, die durch die wilde Höllentalklamm heraufgekommen sind. Gipfel: Zugspitze (2962 m, 5–6 Std.),

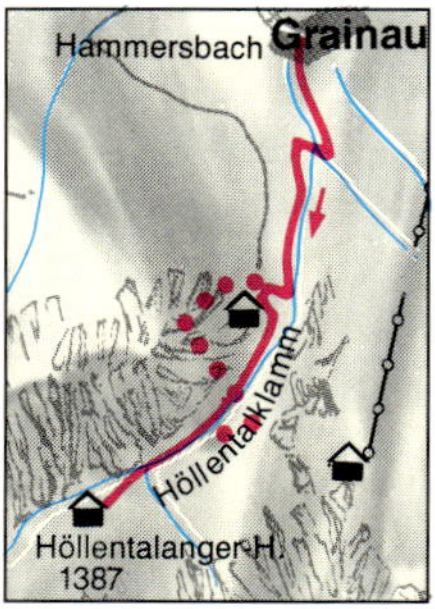

Großer Waxenstein (2276 m, 2–3 Std.), Alpspitze durch das luftige Matheisenkar (2628 m, 4 Std.).

Aufstieg Von Hammersbach neben der Straße zur Kapelle und zur sogenannten Hammersbach Hütt'n, einem Andenkenkiosk. Ein schmaler Fahrweg führt durch Wald und zur Talstation der Materialseilbahn für die Höllentalangerhütte. Von dort am Fußweg steil den Felsen entlang bis zur kleinen Höllental-Eingangshütte (1045 m, DAV Sektion Garmisch-Partenkirchen, bewirtschaftet Mitte Mai – Mitte Oktober, keine Übernachtungsmöglichkeit). AV-Mitglieder haben zur Klamm gegen Vorlage des Ausweises freien Zugang.

Der Weiterweg wird spannend, aber naß. Er führt durch die Klamm auf dem von 1902–1905 in abenteuerlicher Arbeit gebauten Steig, den wir nun 1026 m lang über zwei Brücken, durch zwölf Stollen und über 45 m Wandsteg 150 Hm hinauf verfolgen. Hier kann man aus allernächster Nähe das eindrucksvolle Naturschauspiel des herunterdonnernden Hammerbachs bewundern. Hat man

Im Herzen des Wettersteingebirges steht die Höllentalangerhütte. Sie ist Stützpunkt für einen Aufstieg zur Zugspitze.

Abstieg von der Höllentalangerhütte. Die Eiserne Brücke spannt sich eindrucksvoll über das Höllental.

Beim Abstieg vom Hupfleitenjoch ins Höllental (rechts). Hinten ist die Zugspitze zu erkennen.

die Klamm am oberen Ende verlassen, erreicht man die Reste eines Kraftwerks aus dem Jahr 1916. Es versorgte das Bergwerk mit Strom. Eisen, Schwefelkies, Zinkspat, Blei und Molybdän wurden im Höllental abgebaut. Das Weglein verläßt das Tal nach rechts und führt dann gemütlich zur Höllentalangerhütte hinauf.

Abstieg Für den Rückweg bietet sich der sogenannte Stangensteig an, der als Knappenweg entstand. Man geht zunächst am Aufstiegsweg talwärts, überschreitet noch vor der Klamm den Bach auf einem Steg und steigt auf einer Treppenanlage den jenseitigen Hang hinauf. Der gute Weg führt nun lange auf und ab und an den oberen Rand der Höllentalklamm. Die Klamm überwindet man auf der „Eisernen Brücke" von 1888; sie ist 29 m lang und 73 m hoch. Dahinter führt der Steig wieder aufwärts und an steilen Wänden entlang. Am Pfad in den Stangenwald hinein und durch den schattigen Buchenwald zum Aufstiegsweg zurück, dem man bis nach Hammersbach folgt.

UNSER TIP! Wer sich für die abenteuerliche Geschichte um den Bau des Höllentalklammwegs interessiert, kann in der Höllentalangerhütte ein Informationsheftchen kaufen.

6 Knorrhütte

Unter dem Zugspitzplatt

2 bzw. 7 Std. / mittel / 680 bzw. 1320 m

HÜTTE 2051 m, 17 Betten, 100 Lager, bewirtschaftet von Ende Mai–Anfang Oktober. Tel. 08821/61677, DAV Sektion München.

AUSGANGSPUNKT Mit dem Auto: Autobahn bis Eschenlohe, weiter nach Partenkirchen (725 m), P Olympia-Skistadion. Ab München 100 km. Bahnhof.

SCHWIERIGKEIT Bis Reintalangerhütte leicht, auf Fahrwegen und guten Wanderwegen, ab Reintalangerhütte etwas anspruchsvoller. Sehr lange Tour.

CHARAKTER Wer vom Reintal zur Knorrhütte aufsteigt, befindet sich bald in einer anderen Welt. Die Berge sind felsig, die Gegend ist trist, kurzum, hier ist es alpin. Selbst im Hochsommer fällt auf der Knorrhütte hin und wieder Schnee.

KARTE Blatt Werdenfelser Land, 1:50000, BLVA.

Auf der Zugspitze (oben). Mit 2962 m ist sie der höchste Gipfel Deutschlands.

Beim Abstieg von der Knorrhütte ins Reintal (unten) werden die Schutthänge allmählich wieder grün.

Die Knorrhütte liegt in tristen Geröllfeldern unter eindrucksvollen Wettersteinwänden, und sie ist auf dieser Seite der letzte Stützpunkt unter der Zugspitze. Die Hütte war von Anfang an sehr

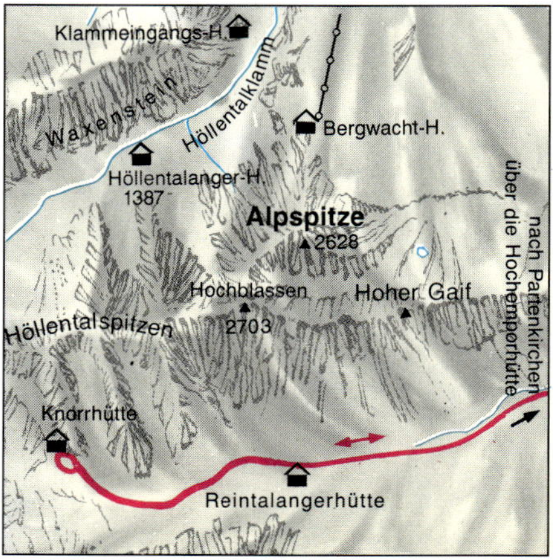

beliebt und wurde deshalb schon bald nach ihrer Fertigstellung, 1855, mehrmals erweitert. Gipfel: Zugspitze (2962 m, 3 Std.).

Aufstieg Zunächst muß man durch das Reintal zur Reintalangerhütte (siehe Tour 7). Von dort, anfangs noch in lichtem Wald, bald auf einem Steg über die Partnach und im Bachgraben, bzw. unmittelbar daneben, gegen SW weiter. Der markierte Steig schlängelt sich durch Buschwerk, wendet sich nach NW und wird steil und felsig. Neben eindrucksvollen Felsenwänden windet er sich in mühsamer Steigung hinauf und gabelt sich auf 1780 m. Der linke Wegast, „Felsensteig", steigt gegen W, später NW an und läuft am Veitelbrünnl vorbei. Man kommt bald an griffige Kalkfelsen und plagt sich mühsam nach N hinauf. Erst im letzten Teil des Aufstiegs sieht man die Hütte, die man dann auch in wenigen Minuten erreicht.

Abstieg Entlang der Aufstiegsroute oder über den „Muliweg", östlich des Aufstiegswegs, durch steiles Geröll zur Aufstiegsroute zurück.

Die Knorrhütte steht im Schutt- und Felsengelände zu Füßen des majestätisch aufragenden Brunntalkopfes.

UNSER TIP! Wie in den Oberen Wettersteinschichten häufig, kann man auch zwischen der Reintalangerhütte und der Knorrhütte schönen Messerstichkalk finden. Die herausgewitterten Löcher lassen das Gestein aussehen, als wäre es mit Messerspitzen bearbeitet worden.

7

Reintalanger

Im endlosen Reintal

5 Std. / leicht / 650 m

HÜTTE 1369 m, 20 Betten, 70 Lager, bewirtschaftet von Ende Mai–Mitte Oktober. Tel. 08821/2903, DAV Sektion München.

AUSGANGSPUNKT Mit dem Auto: Autobahn bis Eschenlohe, weiter nach Partenkirchen (725 m), P Olympia-Skistadion. Ab München 100 km. Bahnhof.

SCHWIERIGKEIT Leicht, auf Fahrwegen und guten Wanderwegen, aber sehr lang.

CHARAKTER Der Hüttenzugang führt auf Forstwegen in ständigem Auf und Ab durch den Wald und ab dem Umschlagplatz über einen nicht weniger langen, aber guten Wanderweg. In den tiefen Wäldern und dem eingeschnittenen Talgrund hat man keine Fernsicht, dafür sind die wilden Felsenwände zu beiden Seiten des Reintals sehr beeindruckend.

KARTE Blatt Werdenfelser Land, 1:50000, BLVA.

Die Partnach schäumt tosend in die eindrucksvolle Partnachklamm (oben).

Die Großblütige Gemswurz wächst bevorzugt auf kalkhaltigen Böden (unten).

Die Reintalangerhütte oder Angerhütte liegt idyllisch in lichtem Wald, am Ufer der eiskalten Partnach. Die alte Hütte, die schon 1881 eingeweiht

Die Reintalangerhütte ist ein idealer Rastplatz am Aufstiegsweg zur Zugspitze.

wurde, steht noch immer. Das neue herrschaftliche Haus stammt von 1912. Versorgt wird die Hütte mit dem Hubschrauber und vom Wirt selbst, der die Fahrten mit dem Motorrad unternimmt. Gipfel: Zugspitze (2962 m, 5 Std.) über Knorrhütte, Hoher Kamm (2375 m, 3 Std.).

Aufstieg Vom Skistadion folgt man einer asphaltierten Straße gegen SW zum Elektrizitätswerk und zur Gaststätte Lenz'n Hütte. Die Straße überquert die Partnach, dahinter biegt man rechts ab, geht ein paar Meter gegen W und steigt gegen S an. Der Fahrweg schwingt sich enorm auf und flacht erst in der Lichtung der Partnachalm (983 m) ab. Von dort folgt man dem Hohen Weg in ständigem Auf und Ab, wieder durch den Wald und in einem weiten Bogen nach SW. Auf der Höhe von ca. 1020 m, wo sich die Forststraße verzweigt, rechts in den Antoniwald, in einem Knick den Sulzgraben queren und ständig leicht auf und ab gegen S. Bei der Verzweigung geradeaus und gleich darauf zum Forsthaus (mit Brunnen) auf

UNSER TIP! Der extrem lange Aufstieg läßt sich mit einem Mountainbike um ca. 1 Std. verkürzen. Ab dem Jagdhaus bei der Vorderen Blauen Gumpe ist das Radfahren allerdings nicht mehr sinnvoll.

NOCH EIN TIP! Wer für den Hüttenzuweg viel Zeit hat, sollte durch die interessante Partnachklamm aufsteigen.

7 Reintalanger

Nicht immer ist die Blaue Gumpe (oben) so mit Wasser gefüllt. In heißen Sommern kann sie auch austrocknen.

Der Aufstiegsweg zur Knorrhütte (unten).

Den Anstieg zur Reintalangerhütte (rechts) säumen steile Felsenwände.

992 m. Links zum schmalen Fahrweg, der zur Bodenlaine hinunterführt und sich dahinter wieder steil aufschwingt. In Kurven fällt das Sträßchen im Wald leicht ab und stößt im Reintal zum breiten Fahrweg. Auf ihm gegen S zum Umschlagplatz für die Reintalangerhütte. Die Straße endet, und ein breiter Wanderweg führt, hoch über der wilden Hinterklamm (Aussichtspunkt), gegen S. Ein Stück führt er steil hinab, schmiegt sich auf einem Holzsteg an die steilen Hänge und erreicht das Ufer der Partnach. Er schlängelt sich eben durch den Wald, wendet sich auf 1002 m an das östliche Ufer und, wieder auf der anderen Bachseite, zur Bockhütte (1052 m) und zur Hochemporhütte gegen W weiter. Im Wald an Vorderer und Hinterer Blauer Gumpe vorbei, durch eine Reiße unter dem Hochblassen, zum Wasserfall auf 1300 m und endlich zur Reintalangerhütte.

Abstieg Entlang der Aufstiegsroute oder am anspruchsvollen Schützensteig über Bernadein und das Kreuzeck nach Garmisch.

8 Schachenhau

Beim königlichen Lustschloß

3 Std. / leicht / 860 m / 👫

Der Aussichtspunkt beim Schachenhaus (oben). Von hier bietet sich ein schwindelerregender Blick ins Reintal und auf das Wettersteingebirge.

Ein Edelweiß im botanischen Alpengarten beim Schachenhaus (unten).

HÜTTE 1866 m, 17 Betten, 50 Lager, bewirtschaftet von Anfang Juni–Anfang Oktober. Tel. 08821/2996, Freistaat Bayern, Wirt: Familie Reiser.

AUSGANGSPUNKT Mit dem Auto: Autobahn bis Eschenlohe, weiter über Garmisch nach Klais und auf der Mautstraße bis Elmau (1008 m), Wander-P. Ab München 140 km. Bahn bis Klais, weiter mit Bus.

SCHWIERIGKEIT Leicht, auf Fahrwegen, aber 10,5 km einfache Wegstrecke.

CHARAKTER Der Hüttenzuweg führt zum überwiegenden Teil durch dichten Wald und gibt kaum Weitblicke frei. Erst in Hüttennähe öffnet sich ein herrliches Panorama auf das Wettersteingebirge, nach Partenkirchen und in das Estergebirge.

KARTE Blatt Werdenfelser Land, 1:50000, BLVA.

Das Unterkunftshaus und die Wirtschaft am Schachen waren Wirtschaftsgebäude für das königliche Schloß, das sich König Ludwig II. dort 1870 bauen ließ. Täglich finden um ca. 11 und 14 Uhr Führungen durch das Haus statt, die man sich auf keinen Fall entgehen lassen sollte. Vor allem das Türkische Zimmer im Obergeschoß zeigt einen einmaligen Prunk. Gipfel: Über Meilerhütte zur Partenkirchner Dreitorspitze (2633 m, 3 Std.).

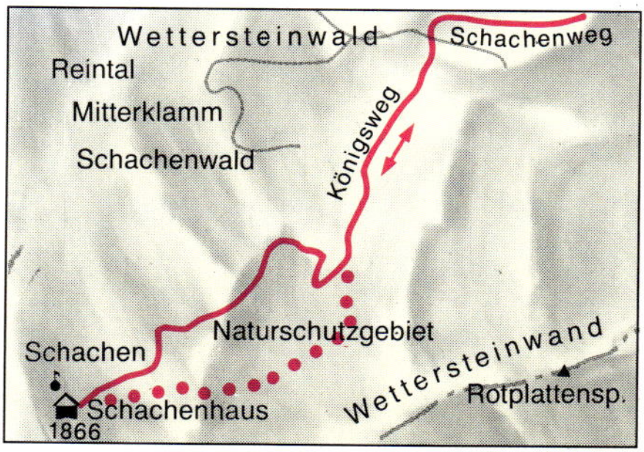

Aufstieg Neben dem Elmauer Bach am Schachenweg gegen SW bis auf 1170 m hinauf. Dort links, gegen S weiter, um dann bei der nächsten Straßengabelung nach rechts abzubiegen. Das Sträßchen trägt nun die Bezeichnung Königsweg. Bei der Diensthütte, kurz unter der Wettersteinalm (1450 m), kann man geradeaus weitergehen und in einem weiten Bogen auf der anspruchsvolleren Steiganlage durch das Schachentor hindurch und gegen W weiter zum Schachenhaus aufsteigen. Leichter ist es aber, sich bei der Wegverzweigung unter der Wettersteinalm rechts zu halten und am schmalen Fahrweg aufzusteigen. Er ist ziemlich steil, hat viele Kehren, führt anfangs gegen NW, unter dem Steilenberg, dann gegen SW. Die Route flacht ab, und allmählich lichtet sich der Wald. Bei der Diensthütte unter dem Schachentorkopf hat man schöne Blicke zum Schachenhaus, doch zieht sich das Weglein noch ein gutes Stück hin, bis es am Schachenhaus endet.

Abstieg Entlang der Aufstiegsroute.

Das Königshaus am Schachen gleicht eher einem überdimensionalen Heustadel. Die ehemaligen Wirtschaftsgebäude dienen heute als Unterkunft für Bergsteiger.

UNSER TIP! Gleich unter dem Schachenhaus gibt es einen botanischen Alpengarten, in dem von Anfang Juli–Mitte September auf 5000 m² 1000 verschiedene Alpenblumen zu bewundern sind. Die beste Zeit ist der Juli.

9 Meilerhütte

Im felsigen Wettersteinkamm

4 Std. / anspruchsvoll / 1260 m

Von sattgrünen Wiesen sind die Hänge im Puittal (oben) bedeckt. Man passiert das Tal, wenn man von der Meilerhütte in die Leutasch wandert.

Die Alpenaster (unten) trifft man in den Bergen an.

HÜTTE 2369 m, 70 Lager, bewirtschaftet von Mitte Juni–Anfang Oktober, Tel. 0171/5227897, DAV Sektion Garmisch-Partenkirchen.

AUSGANGSPUNKT Mit dem Auto: Autobahn bis Eschenlohe, weiter über Garmisch bis Mittenwald und nach Leutasch/Lochlehn (ca. 1070 m), P. Ab München 160 km. Bahn bis Mittenwald, weiter mit Bus.

SCHWIERIGKEIT Streckenweise sehr steil und felsig, sehr lang und anstrengend.

CHARAKTER Der Hüttenzuweg führt durch das steile, von Reißen durchzogene Bergltal und über die kahle Leutascher Platt. Er gibt nur wenig Ausblicke frei, weil er von steilen Schrofenhängen begrenzt ist. Das ändert sich im oberen Bereich der Leutascher Platt und in Hüttennähe.

KARTE Blatt Werdenfelser Land, 1:50000, BLVA.

Die Meilerhütte steht in einer engen, windigen Scharte des wilden, felsigen Wettersteinkamms. Das sind ideale Bedingungen für Versuche zur Stromerzeugung durch Windkraft. Ein Windrad hat den ersten Winter in diesen extremen Bedingungen zwar nicht überstanden, aber inzwischen sind robustere Anlagen aufgebaut worden. Gipfel: Partenkirchner Dreitorspitze (2633 m, 1,5 Std.,

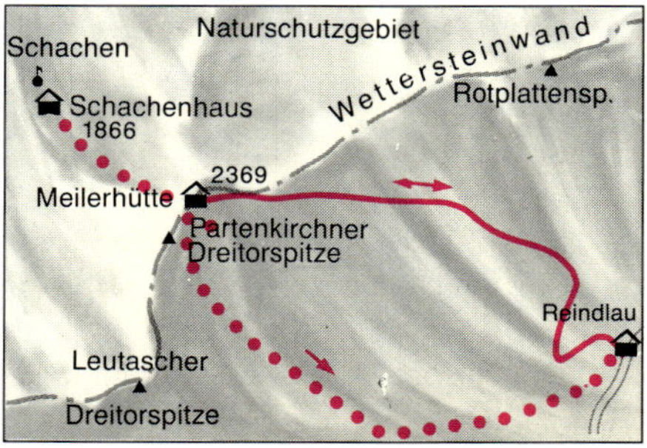

Klettersteig), Leutascher Dreitorspitze (2682 m, rassig) oder Überschreitung von Partenkirchner- und Leutascher Dreitorspitze (äußerst anspruchsvoll), Westliche und Östliche Törlspitzen (2444 m, 5 bzw. 20 Min).

Die Meilerhütte in ihrer windigen Felsenscharte schmiegt sich eng an die beiden Törlspitzen.

Aufstieg Dem Fahrweg westlich des Gasthauses Donnerrose nach NW durch ein Weidegatter folgen. Bei der Schuttreiße links und am markierten Wanderweg zur Quelle am Pangertseck hinaufsteigen. Am Steig noch etwas bergwärts und in das Bergltal hinab. Talwärts, bis in Stauden wieder Höhe gewonnen wird. Steil zum Schöneck (1824 m). Über die Leutascher Platt gegen W, in ein Geröllfeld und in Kehren zur Meilerhütte.

Abstieg Unter den Dreitorspitzen ohne Weg über die Leutascher Platt nach SO zum Söllerpaß (2211 m). Von dort am ziemlich steilen Steig durch die Söllerrinne in das Puittal. Bei der Wegabzweigung im Puittal links, bei der Brücke über den Puitbach noch einmal links und am Waldwanderweg wieder nach Lochlehn hinaus.

UNSER TIP! Vom Schachenhaus (siehe Tour 8) kann man in 1,5 Std. zur Meilerhütte aufsteigen. Anstieg am gut angelegten Steig, über ein Kar und vorbei an glatten Felsen mit dem Kriegerdenkmal. Die Route windet sich zwischen Felsen und einem steilen Geröllkar zur Hütte.

Ein malerischer Sonnenaufgang (oben) verspricht einen schönen Wandertag.

Der eindrucksvolle Wasserfall (unten), der in die Kuhflucht hinunterstürzt.

Am Krottenkopf

5 Std. / mittel / 1500 m

HÜTTE 1946 m, 8 Betten, 67 Lager, bewirtschaftet von Mitte Mai–Ende Oktober. Tel. 0161/1821236, DAV Sektion Weilheim.

AUSGANGSPUNKT Mit dem Auto: Autobahn bis Farchant (678 m). P in Mühldörfl beim Freibad. Ab München 90 km. Mit der Bahn über Weilheim, Murnau bis Oberau.

SCHWIERIGKEIT Schwindelfreiheit von Vorteil. Gute Kondition ist für den langen, teilweise steilen Anstieg notwendig. Gegenanstieg! Wer die Wanderung im Hochsommer unternimmt, sollte sehr früh aufbrechen, dann kann er fast bis zum Fricken in schattigem Gelände aufsteigen.

CHARAKTER Das Estergebirge, das sich südlich des Loisachtals erhebt, zeigt sich als steiler, abweisender Berghang. Aber es gibt dort interessante Touren, die nicht schwierig sind, wenn man die rechten Wege kennt. Der höchste Gipfel des Estergebirges ist der Krottenkopf, und gleich darunter steht die Weilheimer Hütte, die einzige Berghütte in diesem Gebirge.

KARTE Blatt Werdenfelser Land, 1:50000, BLVA.

Die altehrwürdige Weilheimer Hütte, die auch Krottenkopfhaus genannt wird, entstand schon im letzten Jahrhundert, im Jahr 1884.

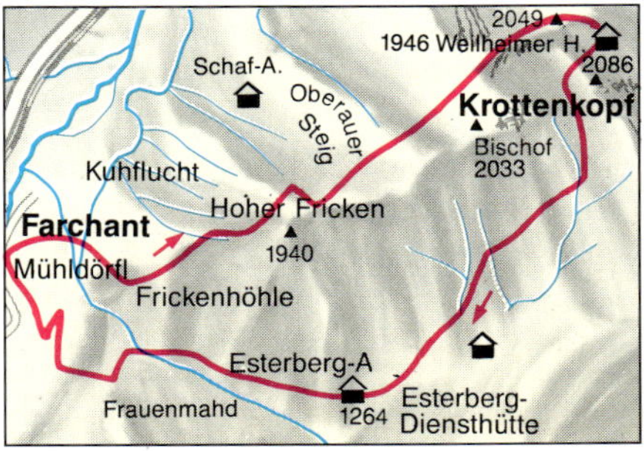

Sie ist eine der Hütten, die man als Unterkunft wirklich braucht, denn die Anstiege in diesem Gebiet sind so weit und mühsam, daß es ratsam ist, für diese Wanderung zwei Tage mit einer oder zwei Übernachtungen einzuplanen. Gipfel: Krottenkopf (2086 m, 20 Min.), Oberer Rißkopf (2049 m, 15 Min.), Kareck (2045 m, 30 Min.).

Aufstieg Dem beschilderten Weg folgt man in Richtung Estergebirge. Im lichten Wald zweigen nach rechts die Wanderwege zum Hohen Fricken und zur Esterbergalm ab. Am Fahrweg gehen wir links, bis wir nach ca. 10 Min. die Stelle erreichen, wo die Wildfütterung stattfindet. Von dort geht es wieder links und durch Hochwald steil auf einer Trittspur bis zur Klamm der Kuhflucht hinunter. Ein guter Wanderweg führt den tosenden Wasserlauf entlang. Ein Steg führt über ihn hinweg und in steile Hänge hinein. Dort schlängelt sich mühsam ein Steig im Wald hinauf.

Oberhalb der wilden Kuhflucht, die direkt aus einer steilen Felsenwand entspringt, geht man

Die Weilheimer Hütte mit dem Oberen Rißkopf. Der Weg zu ihm hinauf dauert etwa 45 Min.

UNSER TIP! Mit dem Mountainbike von Eschenlohe zur Hohen Kisten hinaufstrampeln. Die lange Strecke ist schön, aber ungemein anstrengend. Unter der Hohen Kisten sollte man das Fahrrad abstellen. Eine interessante Abfahrtsvariante ist hinunter nach Einsiedl am Walchensee und dann weiter nach Eschenlohe.

Unterhalb des Krottenkopfs (oben) kann man bereits die Weilheimer Hütte sehen.

Im Frühsommer blühen Aurikel (unten) auf den Berghängen.

über einen Höhenrücken, kommt an einem Unterstand vorbei und wandert dann an steilen, bewaldeten Hängen entlang. Man muß hier gut aufpassen, daß man nicht stolpert, denn der Hang bricht sehr steil ab. Auf der Höhe von ca. 1700 m verläßt man den Wald und hat auch bald den Höhenrücken über dem Frickenkar erreicht. Dann geht es die letzten Meter nach rechts, durch Latschen, bis zum Gipfel hinauf und noch ein kurzes Stück weiter bis zum Kreuz am Hohen Fricken (1940 m). Damit hat man zwar einen schönen Gipfel erreicht, aber noch lange nicht die Hütte.
Vom Fricken steigt man nach NO hinab, geht an der Wegabzweigung vorbei und in den Sattel zwischen Hohem Fricken und Bischof (1720 m) hinein. Dort links und gegen N ein kurzes Stück bis zu einer Weggabelung. Hier rechts, mehrmals auf und ab, und in den Sattel zwischen Bischof und Kareck. Am Kreuz links, über Felsen und durch Latschen, unter dem Kareck und dem Oberen Rißkopf bis zur Weilheimer Hütte.

Abstieg In der Nähe der Materialseilbahn in südliche Richtung zur Talstation hinab, wo ein schmaler Fahrweg erreicht wird. Auf ihm geht man weiter zur Hinteren Esterbergalm (1272 m) und zur Esterbergalm (1264 m). Diese Alm ist bewirtschaftet und bietet sich zur Einkehr an. Wegen der guten Straße dort hinauf ist sie auch ein beliebter Zielpunkt von Bergradlern.

Von der Esterbergalm führt der Weg am Anfang noch relativ flach dahin, später führt er dann steil abwärts, bis rechts der Wanderweg nach Farchant abzweigt. Auf ihm gehen wir im Wald nach Mühldörfl hinab oder aber entlang der Aufstiegsroute zum Ausgangspunkt zurück.

Auf dieser Tour kann man gut auf das Auto verzichten und mit der Bahn bis nach Oberau (ca. 1 Std. von München) fahren; der „Werdenfels-Takt" (Abfahrtszeiten bei der Bahnauskunft erfragen) verkehrt stündlich.

Von Oberau führt der Weg über den Oberauer Steig in ca. 4 Std. zur Weilheimer Hütte hinauf.

Der Anstiegsweg zur Weilheimer Hütte führt am Hohen Fricken vorbei, dessen Gipfelkreuz im Vordergrund zu sehen ist. Dahinter zieht sich das Wettersteingebirge entlang. Rechts im Bild ist die Zugspitze zu erkennen.

11 Tutzinger Hü

Unter der Benediktenwand

4 Std. / leicht / 780 m

HÜTTE 1327 m, 24 Betten, 116 Lager, bewirtschaftet von Ende April–Anfang November, Tel. 08857/210, DAV Sektion Tutzing.

AUSGANGSPUNKT Mit dem Auto über Bad Tölz, Lenggries bis Jachenau (790 m), P. Ab München 80 km. Mit der Bahn nach Lenggries, weiter mit Bus.

SCHWIERIGKEIT Nicht schwierig, gute Wege.

CHARAKTER Von den langen Anstiegswegen zur Tutzinger Hütte ist der hier vorgestellte, von Jachenau aus, landschaftlich mit Sicherheit der schönste und der am wenigsten begangene.

KARTE Blatt Bad Tölz–Lenggries und Umgebung, 1:50 000, BLVA.

Gipfelkreuz und Unterstandshütte auf der Benediktenwand.

Ein Musterexemplar des Frauenschuhs (unten).

Blick von den Almen über der Jachenau (unten rechts) zur Benediktenwand.

Die Alpenvereinssektion Tutzing bestand gerade vier Jahre, als sie von der Kgl. Bayer. Militärverwaltung die Untere Hausstattalm kaufte. Sie wurde als Unterkunfts- und Verpflegungsstützpunkt ausgebaut und am 24. Juni 1908 eingeweiht.
Mit der Wasserversorgung gab es ständig Probleme, bis schließlich 1982 die neue Wasserversorgungsanlage fertiggestellt war. Gipfel: Benediktenwand (1800 m, 1,5 Std.), Achselköpfe (1709 m, 1 Std. 45 Min.), Probstenwand (1613 m, 1 Std. 45 Min.), Latschenkopf (1712 m, 1,5 Std.).

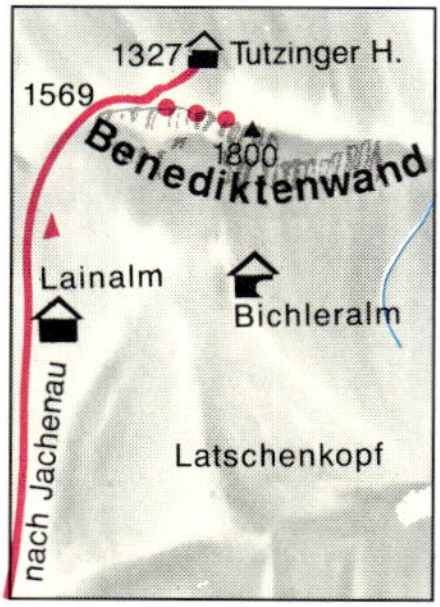

Von der Tutzinger Hütte führen viele Wanderwege in die Umgebung.

Aufstieg Vom Wanderparkplatz auf beschildertem Wanderweg über den Bach und in den Wald. Wir folgen dem wilden Bachlauf an seinem westlichen Ufer. Durch Buchenwald, dann über den Bach, bis zu einer Forststraße. Auf ihr ca. 15 Min. dahin, bei der Almhütte rechts, über weite Wiesen zum Wasserfall des Glasbachs. Oberhalb des Wasserlaufs eine steile Bergflanke hinauf. Kurz kommt man noch einmal zu einer Straße und dann durch dichten Wald auf 1324 m. Dort rechts, am Gratrücken gegen O zur Wegverzweigung auf 1569 m. Nun gegen NO hinab, im Bogen gegen O den steilen Hang in Kehren hinab, bis zu Wiesen und zur Hütte. Weitere Aufstiegsmöglichkeiten: Zu Fuß (2 Std.), mit der Bahn von Lenggries auf das Brauneck und von dort über Vorderen Kirchstein (1670 m) und Latschenkopf (1712 m) in den Rotöhrsattel und unter der Benediktenwand zur Hütte (ab Brauneck 2 Std.) oder von Benediktbeuern auf Forstwegen durch den Wald (2,5 Std.).

Abstieg Entlang einer der Aufstiegsrouten.

UNSER TIP! Der Kaiserschmarrn mit dem Zwetschgenkompott auf der Tutzinger Hütte ist eine besondere Köstlichkeit.

NOCH EIN TIP! Im Frühjahr blühen am Aufstiegsweg von Jachenau seltene Blumen. Darunter auch der Frauenschuh (Mai–Juni), eine Orchideenart, deren Bestand stark gefährdet ist.

12 Lenggrieser

Im Isarwinkel

2 Std. / leicht / 630 m /

Lenggries (oben), unser Ausgangsort, liegt am Fuße des Braunecks.

Am dicht bewaldeten Seekarkreuz (unten) gibt es nur im Tal und direkt unter dem Gipfel Weidewiesen.

HÜTTE 1338 m, 2 Betten, 44 Lager und 7 Lager im Selbstversorgerraum, ganzjährig bewirtschaftet, mit Einschränkungen im Frühjahr und Spätherbst. Di. Ruhetag, deshalb keine Übernachtung von Mo.–Mi. Tel. 0861/1816583, DAV Sektion Lenggries.

AUSGANGSPUNKT Mit dem Auto über Bad Tölz, Lenggries bis Hohenburg (708 m), P. Ab München 65 km. Mit der Bahn nach Lenggries, weiter mit Bus.

SCHWIERIGKEIT Einfach, auf guten Wegen.

CHARAKTER Bis auf die Grasgipfel der Umgebung, von denen man schöne Weitblicke hat, führen die Wanderungen rund um die Lenggrieser Hütte durch dichte Wälder.

KARTE Blatt Bad Tölz–Lenggries und Umgebung, 1:50000, BLVA.

Unter dem Seekarkreuz liegt, mitten im Wald, die 1950 erbaute Lenggrieser Hütte. Das dichte Wegenetz in der Umgebung lädt zu ausgedehnten Wanderungen ein. Gipfel: Seekarkreuz (1601 m, leicht, 30 Min.), über Maria Eck zum Schönberg (1620 m, 1,5 Std., nicht schwierig), Kampenüberschreitung (Brandkopf, 1569 m, Spitzkamp, 1604 m, Auerkamp, 1607 m und Ochsenkamp, 1594 m, nicht schwierig, 2 Std.), über Maria Eck

tte

zur Hochplatte (1592 m) und weiter bis zur Tegernseer Hütte und zu Roß- und Buchstein (1698 m bzw. 1701 m, 2,5 Std.).

Aufstieg Am Fahrweg gegen S nach Mühlbach, durch den Ort, dann links und gegen SO den Mühlbach entlang nach Tradln. Vor dem Ort die Straße verlassen, durch eine Absperrung links und nach O. Auf einer Fahrspur zu einem Weidezaun. Dann immer steiler in den Wald und über einen leichten Höhenrücken, dahinter abflachend und wieder ansteigend. Den Grasleitensteig gegen O und weiter bis zur Lenggrieser Hütte.

Abstieg Am besten über die Aufstiegsroute. Lohnend ist der ebenfalls leichte Weg über das Seekarkreuz. Vom Gipfel nach NO in den Sattel zwischen Seekarkreuz und Brandkopf. Am Fahrweg talwärts, bei der Verzweigung links und in Kehren zur Verzweigung bei der Buchenau-Diensthütte. Dort rechts und in den Hirschtalsattel (1224 m). Die Straße führt links, nach W, durch das Hirschbachtal und zurück zum Ausgangspunkt.

Die schmucke Lenggrieser Hütte, ein geschätzter Rastplatz unterm Seekarkreuz, steht mitten im Wald.

UNSER TIP! Wenn im Herbst die Morgennebel in den tiefen Wäldern am Seekar für Feuchtigkeit sorgen, kann man dort gut Pilze sammeln.

13 Bodenschneid

Zwischen Enterrottach und Spitzing

4,5 Std. / mittel / 800 m /

HÜTTE 1365 m, 22 Betten, 32 Lager, bewirtschaftet von Ostern–Anfang Januar. Tel. 08026/4692, DAV Sektion Bodenschneid.

AUSGANGSPUNKT Mit dem Auto zum Tegernsee bis Enterrottach und auf der Mautstraße Richtung Valepp zur Kisten-Winterstube (950 m), P. Ab München 65 km. Bahn bis Gmund und RVO-Bus.

SCHWIERIGKEIT Aufstieg ab Bodenalm steil. Abstieg bei feuchtem Wetter unangenehm rutschig. Schlüpfriges Kalkgestein, Lehmboden. Weit. Gegenanstieg.

CHARAKTER Überschreitung der stark besuchten Bodenschneid. Viele Einkehrmöglichkeiten. Herrliche Ausblicke, die bis zum Alpenhauptkamm und in den Bayerischen Wald reichen.

KARTE Blatt Mangfallgebirge, 1:50000, BLVA.

An klaren Herbsttagen kann man vom Bodenschneidgipfel (oben) weit ins Oberland schauen.

Die malerische Almhütte (unten) steht neben der Oberen Firstalm.

Sommerstimmung am Spitzingsee (unten rechts).

Das Bodenschneidhaus hat durch den Straßenbau zum Spitzingsee an Bedeutung verloren, ist aber noch immer ein beliebter Stützpunkt, vor allem für die Wanderer, die zu Fuß vom Schliersee kommen. Es liegt in idyllischer Umgebung, abseits des Rummels auf dem Spitzing. Der Aufstieg von Enterrottach wird selten genommen, er ist aber, vor allem in den Gipfelregionen, landschaftlich sehr eindrucksvoll. Gipfel: Brecherspitze (1683 m,

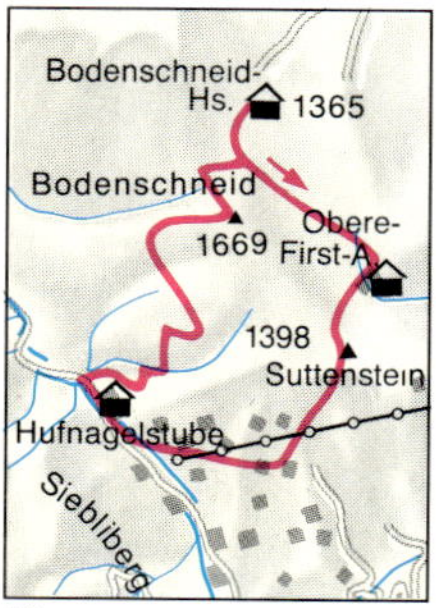

1 Std.), Stümpfling (1580 m, 1 Std.), Stolzenberg (1609 m, knapp 2 Std.).

Aufstieg Von der Bushaltestelle am Wanderweg gegen NW 5 Min. talwärts zur Wegkreuzung. Dort rechts, am alten Almweg durch Laubwald und in Kehren zum Forsthaus hinauf. Von der Hütte durch Nadelwald und ausgedehnte Lichtungen zur Bodenalm (1350 m). Oberhalb der Alm und der Skihütte in den Wald und in der Nähe des Waldrandes in Kehren, zum Schluß etwas über Felsen, zum gewaltigen Gipfelkreuz der Bodenschneid (1668 m, 2 Std.). Vom Gipfelfelsen kurz am Aufstiegsweg zurück. Dann rechts halten, um östlich des Rinnerspitz, mit eindrucksvollen Blikken zum malerisch gelegenen Bodenschneidhaus, am rutschigen Pfad über glatte Kalkfelsen zur Verzweigung in schütterem Wald abzusteigen. Bei der Weggabelung links und weiter zur Hütte.

Abstieg Man folgt dem Hüttenzuweg bis zur im Aufstieg erwähnten Weggabelung. Geht dort links und in leichtem Auf und Ab, durch Kraut und

Zu Füßen der Bodenschneid, etwas abseits vom Rummel um den Spitzingsee, befindet sich das Bodenschneidhaus.

UNSER TIP! Vom Bodenschneidhaus kann man auch leicht zur Brecherspitze aufsteigen, zum Stümpfling, oder sogar bis zum Stolzenberg wandern.

Die Obere Firstalm (oben) ist als Einkehr bei Bergsteigern und Spaziergängern gleichermaßen beliebt.

Die Bodenschneid (unten) – ein ideales Wanderrevier.

Blick über die Bodenalm zum Risserkogel (rechts).

Buschwerk, zur Weggabelung westlich der Krottenburg. Über den Weidezaun, dann in den Wald und weiter zur Oberen Firstalm (privat, ganzjährig bewirtschaftet, 17 Betten und Lager, 1375 m). Auf der Alm geht es nicht nur während des Skifaschings recht turbulent zu.

Der weitere Abstieg führt ca. 10 Min. zur Unteren Firstalm (privat, bewirtschaftet), wo der gleiche Rummel herrscht. Von dort neben dem Schlepplift Richtung Suttenstein. Dort erreicht man einen Sattel auf ca. 1400 m. Hier wird der Abstieg auf wenige Meter, vor allem, wenn es geregnet hat, etwas kritisch. Über den enorm steilen Lehmboden zum Weglein hinunter, das über saure Wiesen gegen Südwesten zur Suttenalm und ein Stück unter dem Sessellift talwärts führt. Bald wird die Bäckeralm (ca. 1130 m, bewirtschaftet) erreicht. Einige Meter am asphaltierten Fahrweg hinab und dann rechts, über feuchte Wiesen, zur Brücke und zum Fahrweg, der, an zahlreichen Wochenenddomizilen vorbei, steil zum Ausgangspunkt führt.

14 Taubensteinh

Beliebtes Ausflugsziel der Münchner

1,5 Std. / leicht / 500 m /

HÜTTE 1567 m, 6 Betten, 52 Lager, ganzjährig bewirtschaftet, außer Anfang November–Anfang Dezember. Tel. 08026/7070, DAV Sektion Bergbund.

AUSGANGSPUNKT Mit dem Auto zum Spitzingsee (1084 m), P. Ab München 65 km. Bahn bis Fischhausen-Neuhaus, weiter mit Bus.

SCHWIERIGKEIT Problemlos auf Fahrwegen, einer Skipiste und breiten Wegen.

CHARAKTER Nach dem ruhigen Aufstieg herrscht in der Umgebung der Hütte starker Wanderbetrieb. Interessante Ausblicke in die Bayerischen Voralpen. Viele Rundwandermöglichkeiten.

KARTE Blatt Mangfallgebirge, 1:50000, BLVA.

Blick vom Taubensteingipfel auf das malerische Taubensteinhaus (oben).

Wer auf den Taubensteingipfel (unten) kraxeln will, braucht schon etwas Mut.

In der Nähe des Taubensteinsattels, wo sich die Endstation der Seilbahn vom Spitzingsee herauf befindet, steht das stattliche Taubensteinhaus, dessen Bau auf das Jahr 1936 zurückgeht. Die Hütte ist ein beliebter Stützpunkt; vielleicht liegt das an ihrer attraktiven Lage. Gipfel: Taubenstein (1692 m, 25 Min., Gipfelanstieg rassig), Rotwand (1884 m, 1 Std., ziemlich überlaufen), Hochmiesing (1883 m, 1 Std.), Auerspitz (1811 m, 1,5 Std.), Jägerkamp (1746 m, 45 Min.) und Aiplspitz (1759 m, 45 Min.).

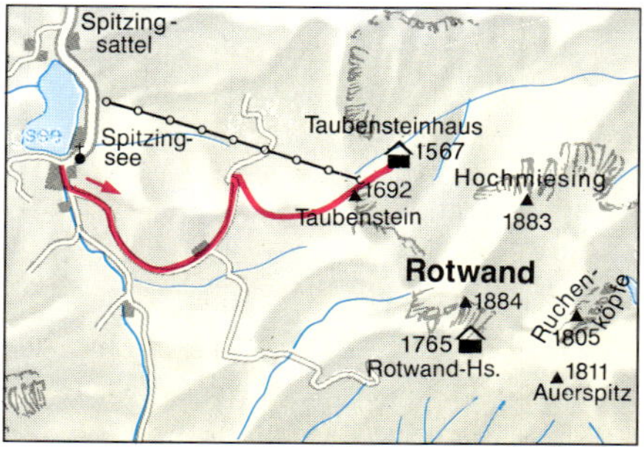

Aufstieg Von einem der gebührenpflichtigen Abstellplätze an der Ostseite des Spitzingsees zum Südufer, wo die gesperrte Straße nach Valepp abzweigt. Auf ihr einige Meter an der Wurzhütte vorbei, dann links auf einer asphaltierten Straße in den Wald. Südlich um den Schwarzenkopf und 100 m hinter dem Forsthaus zu einer Straßenverzweigung. Dort geradeaus aus dem Wald und zum Berggasthof Igler, neben dem die Untere Maxlrainer Alm steht, dort rechts. Eine Schotterstraße windet sich zur Talstation des Schlepplifts hinauf. Neben der Lifttrasse, nur gelegentlichen Wegspuren folgend, zur Wirtschaft Obere Maxlrainer Alm und am lehmigen Pfad gegen NO, wo die Taubensteinbahn heraufkommt. Der Weg führt in den Taubensteinsattel. Die Senke durchschreiten und am breiten Weg (O) zum Taubensteinhaus.

Abstieg Entlang der Aufstiegsroute oder die Skipiste, in Seilbahnnähe, zum Spitzingsee. Man kann auch durch den Krottentaler Graben oder am Soinsee vorbei nach Geitau absteigen.

Das altehrwürdige Taubensteinhaus liegt für Münchner beinahe vor der Haustür.

UNSER TIP! Schon beim Aufstieg kann man im Berggasthof Igler oder – weiter oben – in der Oberen Maxlrainer Alm einkehren. Ein Bier sollte man aber, wegen der Kondition, erst auf dem Rückweg trinken.

15 Rotwandhaus

High-Tech unter der Rotwand

2,5 Std. / leicht / 680 m /

HÜTTE 1765 m, 34 Betten, 80 Lager, im November und Dezember manchmal geschlossen, sonst ganzjährig bewirtschaftet. Tel. 08026/7683, DAV Sektion Turner Alpenkränzchen.

AUSGANGSPUNKT Mit dem Auto zum Spitzingsee (1084 m), P. Ab München 65 km. Bahn bis Fischhausen-Neuhaus, weiter mit Bus.

SCHWIERIGKEIT Leicht. Auf Sträßchen und guten Wanderwegen.

CHARAKTER Die Wanderung ist ausgesprochen beliebt und führt durch dunkle Wälder (im Herbst gutes Pilzgebiet) und über weite Almen. Die Anstiegsstrecke ist sogar im Hochwinter noch stark begangen. Skitourengeher und Wanderer treffen sich dann am Rotwandgipfel.

KARTE Blatt Mangfallgebirge, 1:50000, BLVA.

Die berühmt-berüchtigten Ruchenköpfe (oben), die als Kletterparadies gelten, sind vom Rotwandhaus aus gut zu sehen. Die Hütte (unten) ist an schönen Tagen völlig überlaufen. Das Gasthaus bezieht seine Energie über Solarkollektoren.

Das Rotwandhaus ist 1906 erbaut und inzwischen mehrmals erweitert worden. Der Wirbel, den es um den Bau sogenannter Almerschließungsstraßen bis zur Wildfeldalm im Zusammenhang mit der Flurbereinigung gab, hat sich gelegt.
Auf diesem Fahrweg ist der Hüttenwirt Siegfried Gruber bei einer Versorgungsfahrt tödlich verunglückt. Gipfel: Rotwand (1884 m, 20 Min.), Auer-

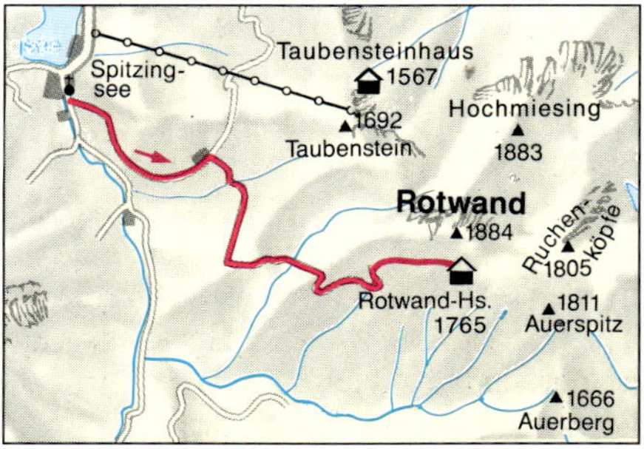

Das Rotwandhaus im ersten, zarten Morgenlicht. Ein vielversprechender Wandertag bricht an.

spitz (1811 m, 30 Min.), über den Miesingsattel auf den Hochmiesing (1883 m, 2 Std.).

Aufstieg An der Wurzhütte vorbei und links auf der Straße weiter. Beim Forsthaus wird die Asphaltstraße nach rechts verlassen. Ein guter Wanderweg biegt dort ab und führt durch den Wald nach S zum Geiselstein. Am Höhenrücken links und gegen O aufsteigen.

Kurz vor der Wildfeldalm biegt der Weg scharf links ab und führt zur idyllisch gelegenen Alm vor der wilden Kulisse des Klammsteins. Dort endet der Fahrweg. Am weiten Pfad wieder nach O, unter dem langen Grat zwischen Rotwand und Klammstein dahin und zum Rotwandhaus.

Abstieg Auf der Aufstiegsroute oder unter dem Lempersberg hinüber zur Taubensteinbahn, mit der man zum Spitzingsee hinunterfahren kann. Vom Taubensteinsattel gibt es aber auch schöne Talwege (siehe Route 14). Oft und gern wird auch der Rückweg über die Kümpflalm oder die Elendalm bis in die Valepp hinaus durchgeführt.

UNSER TIP! Das Rotwandhaus wird umweltfreundlich mit Strom versorgt. Zusätzlich zur Solaranlage gibt es hier eine hochmoderne 20 kW-Windkraftanlage (mit einem Rotor auf senkrechter Achse), die nur ein einziges bewegliches Teil besitzt. Die Anlage neben der Hütte kann besichtigt werden.

16 Blaubergalm

Auf der Bioalm

3 Std. / anspruchsvoll / 800 m

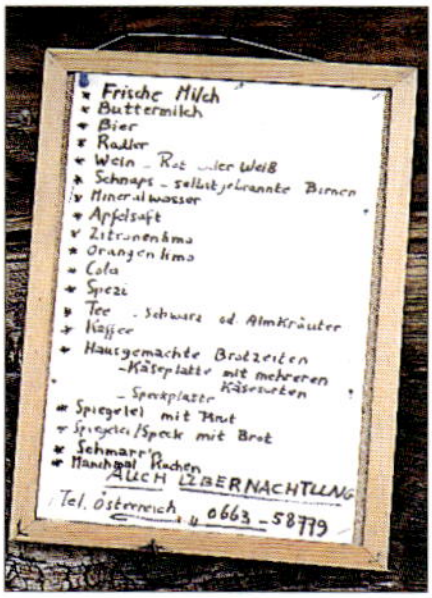

Die Speisekarte (oben) der Blaubergalm, deren Eingangstür ein Lamm „bewacht" (unten).

Am Kachelofen in der Gaststube der Blaubergalm (unten rechts) reifen die hausgemachten Käselaibchen.

HÜTTE 1540 m, 10 Betten, sehr einfach bewirtschaftet von Anfang Juni–Anfang Oktober, bis Ende Oktober nur an Wochenenden, Funktelefon: 0043/663-58779, privat. Kein Strom, Waschgelegenheit am Brunnen vor der Hütte.

AUSGANGSPUNKT Mit dem Auto vom Tegernsee auf der B307 zum Eingang in das Tal der Felsweißach (820 m), P. Ab München 75 km. Bahn zum Tegernsee, weiter mit RVO-Bus.

SCHWIERIGKEIT Der Aufstieg durch die Wolfsschlucht erfordert Trittsicherheit und Schwindelfreiheit und darf keinesfalls bei Frost oder Schneelage durchgeführt werden.

CHARAKTER Leichte Wege, die über die Königsalm und am Schildenstein vorbeiführen. Landschaftlich besonders interessant ist die Route durch die Wolfsschlucht, die, vor allem nach Regenfällen, soviel Wasser führt, daß man mehrmals große Sprünge machen muß, um keine nassen Füße zu bekommen.

KARTE Blatt Mangfallgebirge, 1:50000, BLVA.

Die Blaubergalm liegt knapp hinter der Grenze zu Österreich, auf der Südseite des Blaubergkamms. Die Almhütte steht auf Bergweiden am Ende eines

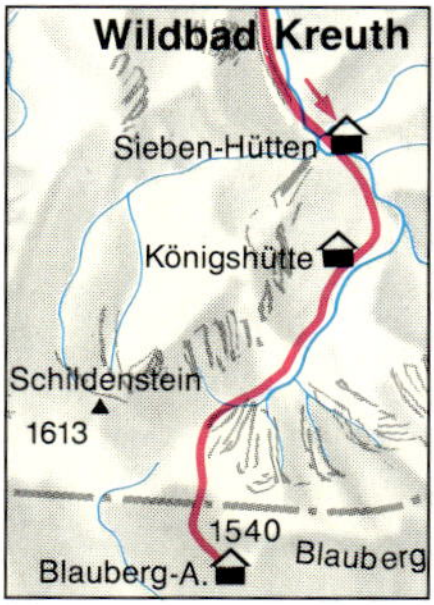

Die einfach bewirtschaftete Blaubergalm ist ein Ziel für Individualisten.

Fahrwegs, der von Achenkirch heraufführt. Von hier oben bieten sich eindrucksvolle Ausblicke, vor allem zu den nördlichen Ausläufern des Rofans, der von dem felsigen, markanten Guffert dominiert wird. Es hat sich unter Wanderern noch nicht so recht herumgesprochen, daß man auf der Alm auch übernachten kann, und deshalb ist es bis jetzt hier oben noch einigermaßen ruhig geblieben. Gipfel: Halserspitze (1862 m, 1,5 Std.), Schildenstein (1611 m, 45 Min.).

Aufstieg Zunächst folgt man dem Fahrweg zur Siebenhüttenalm (837 m), die nach etwa 20 Min. gemütlicher Gehzeit erreicht wird.

An einer Beschilderung verläßt der Anstieg den Fahrweg nach rechts (S), schlängelt sich durch den Wald hinauf und führt in eine weite Lichtung. Hier befinden sich die Oberhofer-Weißach-Alm und darüber steht die Königshütte. Neben der Felsweißach, einem kleinen Fluß, über den man bei hohem Wasserstand, den sie nach stärkeren Regenfällen führt, mehrmals springen muß, zieht

UNSER TIP! Mit viel Engagement und Liebe bereitet die Sennerin der Blaubergalm Produkte aus biologischer Landwirtschaft. Vor allem der Käse (mit Brennessel, Kümmel, Knoblauch oder Schnittlauch) ist von hervorragender Qualität wie auch der Birnenschnaps. Alle Produkte sind auch mitzunehmen.

16 Blaubergalm

Vom Blaubergkamm reicht die Sicht ins Vorgebirge des Karwendels (oben). Eine der hier heimischen Alpenpflanzen ist die Schwarze Schafgarbe (unten).

das Weglein durch die Klause, und die Markierungszeichen weisen immer weiter in die Wolfsschlucht hinein. Sie wird sehr eng, und die Route führt nach links aus ihr heraus, dann über die Felsen und durch Buschwerk steil hinauf und ist, je nach Witterung, von armseligen Rinnsalen oder aber von tosenden Wasserfällen umgeben.
Ein paarmal muß man schon kräftig hinlangen, wenn man sich den steilen Anstieg, der schon fast die Dimensionen eines Klettersteigs erreicht, hinauftraut. Vor allem bei nassem Wetter, wenn die glatten Kalkfelsen rutschig und schmierig sind, ist das gar nicht so einfach. Gelegentlich findet sich aber ein Drahtseil zum Festhalten.
Nach den langen, steilen und ziemlich anstrengenden Teilstücken der Strecke führt das Weglein noch etwas im Laubwald dahin, bis wir den weiten Sattel zwischen Blaubergen und Schildenstein erreichen. Von dort aus ist der Weiterweg nicht steil, und es ist auch nicht mehr weit, bis wir, in südöstliche Richtung gehend, die Blaubergalm

erreichen. Man kann auch auf der Tiroler Seite durch das Ampelsbachtal hierher aufsteigen.

Abstieg Von der Blaubergalm aus kann man zwischen zwei interessanten Touren wählen, die zurück zum Ausgangspunkt leiten. Die eine führt über die Wichtelplatte (1766 m), die Blaubergschneid (1786 m), den Blaubergkopf (1787 m) und den Karspitz (1800 m) weiter zur Halserspitze (1862 m, ab Hütte 1,5 Std.) und schließlich über Siebenhäusl und den Weißenbachkopf (1353 m) zur Siebenhüttenalm und von dort dann zum Ausgangspunkt zurück.

Die andere Abstiegsroute ist kürzer und leichter zu gehen. Sie führt um den Schildenstein (1611 m) herum und bietet die Möglichkeit eines kurzen Abstechers auf dessen Gipfel (15 Min.). Weiter geht es über das Graseck zur Königsalm (1115 m), deren herrschaftliches Haus in den Bayerischen Alpen einmalig ist. Von der Königsalm führt ein Weg über die Geißalm weiter zur Siebenhüttenalm und dann zum Ausgangspunkt zurück.

Über den Blaubergkamm führt ein langer Wanderweg, der sich in ständigem Auf und Ab zur Halserspitze zieht.

UNSER TIP! Die Königsalm kaufte 1817 König Max I. Die spätere österreichische Kaiserin Sissi war hier öfter zu Besuch. Sie hat ihr Monogramm in ein Fenster des oberen Salons geritzt. Im Kavaliershaus der Alm fällt der Boden aus rotem Scharlinger Marmor auf. Er stammt aus der Kirche in Tegernsee.

17 Tegernseer H

Felsennest zwischen Roß- und Buchstein

2 Std. / mittel / 800 m / 👫

In den Wäldern um Roß- und Buchstein (oben) haben sich einst dramatische Wilderergeschichten abgespielt. Heute gehören sie den Wanderern und Schwammerlsuchern, die auch der Schwarzen Wucherblume (unten) am Wegesrand Beachtung schenken sollten.

HÜTTE 1650 m, 30 Lager, bewirtschaftet von Mitte Mai – Mitte Oktober, Tel. 08042/3059, DAV Sektion Tegernsee.

AUSGANGSPUNKT Mit dem Auto zum Tegernsee, auf der B 307 zum P westlich von Bayerwald. Ab München 75 km. Bahn zum Tegernsee, Bus zum Ausgangspunkt.

SCHWIERIGKEIT Trittsicherheit erforderlich.

CHARAKTER Der Anstieg zur kleinen Tegernseer Hütte bietet alles, was den Reiz der Touren in den Bayerischen Voralpen ausmacht: Eine Waldwanderung, liebliche Almen und einen steilen Felsensteig. Die Hütte liegt zwischen Roß- und Buchstein, und wer sie erreichen will, muß erst einmal auf den Roßstein hinauf. Ein Gipfel zählt also zum Pflichtprogramm, der zweite, der Buchstein, ist Kür, dafür aber nicht weniger interessant.

KARTE Blatt Mangfallgebirge, 1:50000, BLVA.

Die Tegernseer Hütte ist noch nicht alt, denn sie ist erst 1968 errichtet worden. Aber heute ist sie aus den Bayerischen Voralpen gar nicht mehr wegzudenken. Die meisten ihrer Besucher sind nur Tagesgäste, denn man braucht diese Hütte nicht als einen echten Stützpunkt, weil keine größeren

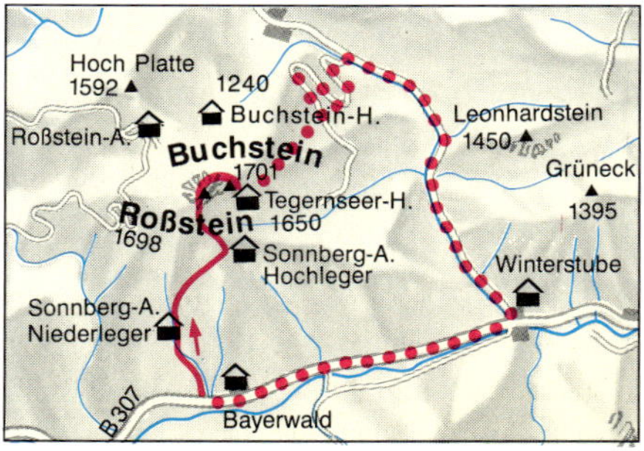

Beim Abstieg vom Roßstein kommt man zur kleinen Tegernseer Hütte. Dahinter erhebt sich, nicht so einfach zu besteigen, der Buchstein.

Touren auf der Strecke liegen. Gipfel: Buchstein (1701 m, 10 Min.).

Aufstieg Nach N in vielen Kehren den steilen Hang hinauf. Man kommt bei 1144 m am Sonnbergalm-Niederleger vorbei. In der gleichen Richtung weiter, aus dem Wald heraus und zum Sonnbergalm-Hochleger. Am Gratrücken links, und unter dem Sonnberg nach NW weiter. In die Felsen hinein und stellenweise am Drahtseil sehr steil zum Roßstein (1698 m). Von dort in wenigen Minuten zur Hütte hinab.

Abstieg Nach NW am guten Steig die steile Bergflanke hinab, unten nach NO zu einem Forstweg abbiegen und bis zur Straßenverzweigung weiter. Dort nach N (links) abbiegen und durch den Wald zu einem Fahrweg. Ein Abstecher zur Buchsteinhütte (1240 m, Tel. 08029/244, Mi. Ruhetag) bietet sich an. Am Sträßchen durch das Tal des Schwarzenbachs zur B307. Mit dem Bus oder in kilometerlangem Fußmarsch, die Weißach entlang, zum Ausgangspunkt zurück.

UNSER TIP! Wer sich den Schwierigkeitsgrad I zutraut und wirklich trittsicher und schwindelfrei ist, kann von der Hütte in etwa 10 Min. zum Buchstein durch einen breiten, aber sehr steilen Kamin hinaufkraxeln. Dieser Abstecher ist sehr beliebt, doch sollte man ihn bei nassem Wetter lieber nicht machen.

18 Brünnsteinha

Hoch über dem Tatzelwurm

2 Std. / leicht / 660 m / 👫

HÜTTE 1342 m, 14 Betten, 40 Lager, ganzjährig bewirtschaftet, außer von Mitte Januar–Mitte Februar. November–Weihnachten nur an Wochenenden. Tel.: 08033/1431, DAV Sektion Rosenheim.

AUSGANGSPUNKT Mit dem Auto: Autobahn bis Oberaudorf (482 m) und weiter bis Buchau (699 m), P. Ab München 80 km.

SCHWIERIGKEIT Leicht, auf guten Wanderwegen.

CHARAKTER Anstieg im Wald, mit wenig freien Blicken. Erst bei der Hütte und am Anstieg zum Brünnsteingipfel eindrucksvolle Rundschau. Sie reicht ins Kaisergebirge und an klaren Tagen bis zum Alpenhauptkamm.

KARTE Blatt Mangfallgebirge, 1:50000, BLVA.

Blick vom Trainsjoch auf den Alpenhauptkamm (oben).

Die Kapelle auf dem Brünnsteingipfel (unten).

Vom Trainsjoch nach Südosten (unten rechts) sieht man das Kaisergebirge aus dem Dunst ragen.

Das von 1894 stammende altehrwürdige Brünnsteinhaus steht als geschätzte Einkehr zu Füßen des wild aufragenden Brünnsteins. Es ist der letzte Rastplatz vor dem rassigen Gipfelaufstieg, aber auch als Stützpunkt für längere Wanderungen im Mangfallgebirge stets willkommen. Gipfel: Am Dr.-Julius-Maier-Weg durch eine enge Felsenspalte, über eine Metalltreppe zum Kreuz und zur Kapelle am Brünnstein (1634 m, 30 Min., leicht). Über Himmelmoosalm, Steilner Joch und Stein-

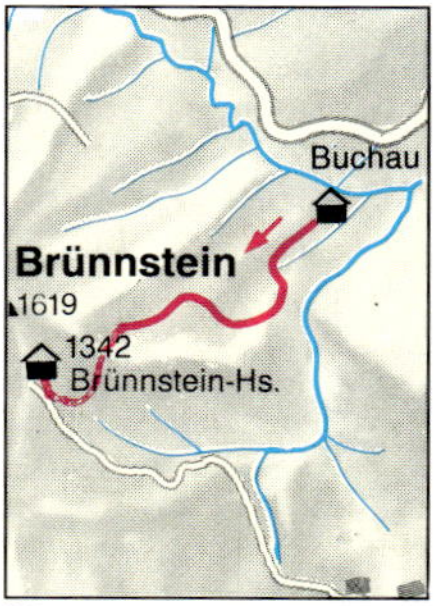

traithen zum Großen Traithen (1854 m, 2 Std.), über Gießenbachhütte, Oberaudorfer Alm und Trainsalm auf das Trainsjoch (1708 m, 3 Std.), alle leicht.

Aufstieg Vom Wanderparkplatz, der sich etwa 1 km vor Buchau befindet, oder vom idyllischen Ort selbst, gegen S leicht hinauf. Bei der Straßenverzweigung wird es etwas steiler, und man geht geradeaus weiter. Die Route schwenkt nach rechts (W) und in den Wald hinein. Im dunklen Buchenmischwald führt der Weg unter scharfen Felsenwänden an der Geißgretl vorbei und in nicht zu strenger Steigung weiter. Erst unmittelbar beim Wirtsgarten des Brünnsteinhauses verläßt unsere Route den Wald, und es öffnet sich hier ein eindrucksvolles Panorama, das man am besten von der Hüttenterrasse aus genießen kann.

Abstieg Entlang der Aufstiegsroute oder gegen Westen über die Himmelmoosalm und die Seeonalm, auf und ab über Weiden und durch Wälder, bis zur Rosengasse (1090 m), leicht.

Zu Füßen des Gipfelaufschwungs am Brünnstein steht das Brünnsteinhaus, das fast das ganze Jahr über zur Rast einlädt.

UNSER TIP! In den Gipfelfelsen leben Steinböcke, die sich manchem Wanderer schon unverhofft in den Weg gestellt haben.

19 Hirschbergha

Unter dem Hirschberggipfel

2 Std. / leicht / 780 m /

Kaiserwetter am Hirschberg. Der Blick reicht von der Wegabzweigung zwischen Hirschberggipfel und Hirschberghaus hinunter zur Raueckalm (oben).

Man muß sich schon gut auskennen, um den Gold-Pippau (unten) nicht mit dem Habichtskraut zu verwechseln.

HÜTTE 1545 m, 20 Betten in 10 Doppelzimmern, 38 Lager, ganzjährig bewirtschaftet, in der Weihnachtswoche geschlossen (2. Weihnachtstag geöffnet), Betriebsferien Anfang–Ende März, Mo. Ruhetag (keine Übernachtung von So.–Di.), Übernachtung nur nach Voranmeldung, Tel. 08029/465, privat, Familie Hubral, Kreuth.

AUSGANGSPUNKT Mit dem Auto zum Tegernsee und bis Scharling (760 m) zur Talstation des Hirschberglifts, P. Ab München 70 km. Bahn zum Tegernsee, Bus zum Ausgangspunkt.

SCHWIERIGKEIT Leicht. Der Weg von der Talstation der Materialseilbahn direkt zur Hütte ist im Winter wegen Lawinengefahr gesperrt.

CHARAKTER Das Hirschberghaus wird Sommer wie Winter viel besucht. Lohnend ist in jedem Fall der Übergang zum Gipfel des Hirschbergs, der mit einem Panorama aufwartet, wie man es auf so einem bescheidenen Voralpengipfel kaum erwartet.

KARTE Blatt Mangfallgebirge, 1:50000, BLVA.

Im Jahr 1887 wurde vom Hirschberg-Hüttenverein ein Berghaus gebaut, das bei einem Brand im Jahr 1962 zerstört wurde. Das Haus ist bald wieder aufgebaut worden, und heute betreibt es die Familie

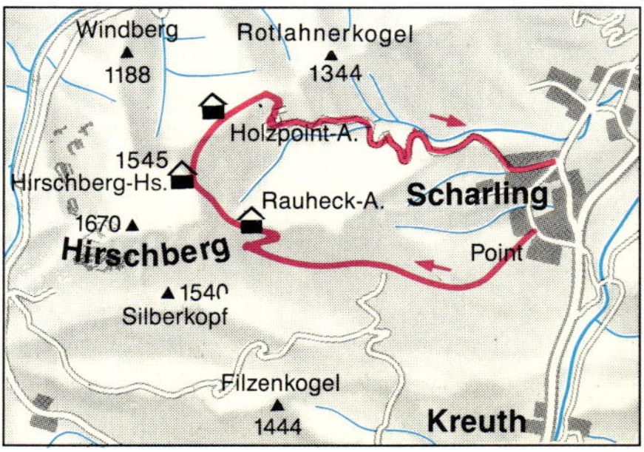

UNSER TIP! Im Winter gibt es vom Hirschberg, am langen Forstweg nach Scharling hinunter, eine Rodelbahn.

Links hinter dem Hirschberghaus erhebt sich der Fockenstein, ein geschätztes Wanderziel.

Hubral als beliebte Bergwirtschaft mit Unterkunft. Gipfel: Hirschberg (1670 m, 30 Min.).

Aufstieg Vom Liftstüberl, am Parkplatz des Hirschberglifts, ein Stück südlich am Waldrand und bei der Lichtung rechts. Am rechten Rand der Skipiste den Hang hinauf. Nach 45 Min. werden Bergstation und Gründhütte erreicht. Nun nach W weiter und in einer Lichtung, noch vor der Weidbergalm, dem Markierungsschild nach, unter dem Rauheck in Kehren nach NW hinauf. Der Steig führt über den Almhütten in weitem Bogen von W nach N und in die Latschen. (Bei der Wegverzweigung links sind es ca. 30 Min. bis zum Hirschberggipfel.) Geradeaus gelangt man über Wiesen fast eben zum Hirschberghaus.

Abstieg In steilen Latschenhängen zur Talstation der Materialseilbahn. Dort einem Fahrweg folgen oder ihn rechts verlassen. Dann auf gutem Steig in vielen Kehren zum Bolzeck (1065 m). Hier wird der Fahrweg wieder erreicht, auf dem man zum Ausgangspunkt zurückgelangt.

NOCH EIN TIP! Wer nicht zum Hirschberg hinübersteigen will, obwohl es wirklich nur 30 Min. dauert, sollte wenigstens auf den Kratzer, der gleich hinter der Hütte aufragt, gehen. Bis zu seinem Kreuz sind es 10 Min., und die schönen Rundblicke von dort oben sind die Mühe wert.

20 Erzherzog-Jo

An der Holztrift

2 Std. / mittel / 150 m

HÜTTE 814 m, 30 Lager. Bewirtschaftet von Mai–Ende Oktober (kein Ruhetag). Tel. 0043/5337-8346, privat, Familie Sappl.

AUSGANGSPUNKT Mit dem Auto zum Tegernsee, weiter bis Enterrottach und auf der Mautstraße zur Wirtschaft in der Valepp (900 m), P. Ab München 75 km. Mit der Bahn zum Tegernsee und dem RVO-Bus bis Valepp.

SCHWIERIGKEIT Stellenweise sehr schmaler Bergpfad. Rutschiges, „abgeschmiertes" Kalkgestein. Einige Seilsicherungen.

CHARAKTER Landschaftlich hochinteressante Tour in der unberührten Schlucht der Brandenberger Ache (Naturdenkmal). Grenzübertritt, Ausweis mitnehmen!

KARTE Blatt Mangfallgebirge, 1:50000, BLVA.

Vom Gasthaus in der Valepp (oben) führt die Tour zur Erzherzog-Johann-Klause. Dabei geht es ein Stück über diesen Steg (unten).

Der Weg zur Erzherzog-Johann-Klause führt an dieser kleinen Kapelle (unten rechts) vorbei.

Die Hütte steht an einem alten Übergang zwischen Brandenberg und der Valepp und war ursprünglich Forsthaus und Hospiz. Mit dem Bau der hölzernen Triftklause (1834, heute Betonbauwerk) hat sie an Bedeutung gewonnen. Inzwischen ist sie ein beliebter Zielpunkt für Radfahrer und Wanderer. In der oberhalb der Hütte stehenden Kapelle gibt es Informationen über die Geschichte der Triftklause (Schlüssel beim Hüttenwirt). Gipfel:

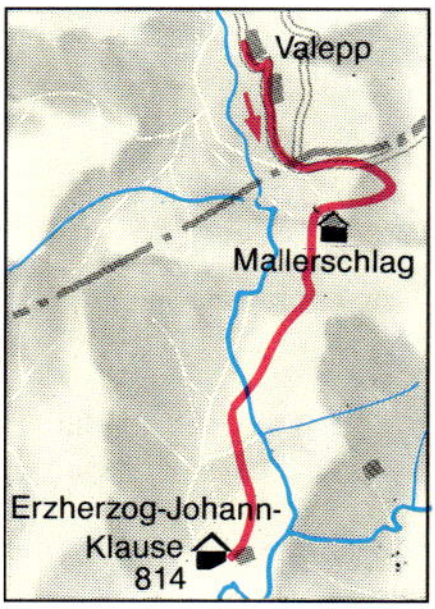

Die Erzherzog-Johann-Klause im Tal der Brandenberger Ache war einstmals Hospiz.

Schinder (1804 m, 2,5 Std.), Hinteres Sonnwendjoch (1986 m, 3 Std.) und als besondere Empfehlung des Hüttenwirts: das stille Schmalegger Joch (1633 m, 2,5 Std.).

Aufstieg Es gibt mehrere Zuwege, die meisten auf Fahrwegen. Der schönste Fußweg führt von der Valepp nach S, an der Kapelle und der Ochsenalm vorbei und in das Tal des Enzenbachs. Bei der Verzweigung rechts, über die Staatsgrenze, und hoch über der Bachschlucht bis knapp an die 1000-Meter-Grenze, bis zum höchsten Punkt der Tour, der oberhalb einer steilen, breiten Sandreiße erreicht wird. Leicht auf und ab und gegen S durch etliche Bachgräben. Allmählich talwärts und bei 809 m an das tosende Wasser heran. Ein Stück den Bach entlang, dann auf einem schmalen, langen Steg über ihn hinweg und wieder in den Wald. Von der Wildfütterstelle ist es nur noch ein kurzes Stück bis zur Erzherzog-Johann-Klause.

Abstieg Am schönsten ist der Rückweg entlang der Aufstiegsroute.

UNSER TIP! Naturfreunde können auf der Wanderung seltene Schmetterlinge beobachten, z. B. den Trauermantel oder den Großen Perlmutterfalter.

Gipfelübersicht

Gipfel	Tour	Hm ab Hütte	Zeit	Schwierigkeit
Achselköpfe (1709 m)	11	380	1,25 Std.	mittel
Aiplspitz (1759 m)	14	190	45 Min.	mittel
Alpspitze (2628 m)	5	1250	4 Std.	anspruchsvoll
Auerspitz (1811 m)	14	250	1,5 Std.	leicht
Auerspitz (1811 m)	15	50	30 Min.	leicht
Benediktenwand (1800 m)	11	480	1,5 Std.	mittel
Bodenschneid (1668 m)	13	300	1 Std.	leicht
Brecherspitze (1683 m)	13	320	1 Std.	mittel
Brunnenkopf (1718 m)	3	120	15 Min.	mittel
Brünnstein (1634 m)	18	300	30 Min.	leicht
Buchstein (1701 m)	17	50	10 Min.	anspruchsvoll
Dreisäuler Kopf (1629 m)	4	100	1,5 Std.	leicht
Geiselstein (1884 m)	2	590	2 Std.	anspruchsvoll
Große Klammspitze (1924 m)	3	330	1 Std.	mittel
Großer Traithen (1854 m)	18	510	2 Std.	leicht
Großer Waxenstein (2276 m)	5	900	3 Std.	anspruchsvoll
Grubenkopf (1847 m)	2	550	1,5 Std.	leicht
Halserspitze (1862 m)	16	320	1,5 Std.	leicht
Hennenkopf (1768 m)	3	170	1 Std.	mittel
Hinteres Sonnwendjoch (1986 m)	20	1180	3 Std.	leicht
Hirschberg (1670 m)	19	125	30 Min.	leicht
Hochmiesing (1883 m)	15	120	2 Std.	leicht
Hochmiesing (1883 m)	14	320	1 Std.	leicht
Hochplatte (2082 m)	2	790	3 Std.	mittel
Hochplatte (1592 m)	12	260	1,5 Std.	leicht
Hoher Kamm (2375 m)	7	1000	3 Std.	anspruchsvoll
Jägerkamp (1746 m)	14	180	45 Min.	leicht
Kampen (1607 m)	12	270	2 Std.	mittel
Kareck (2045 m)	10	100	30 Min.	mittel

Gipfel	Tour	Hm ab Hütte	Zeit	Schwierigkeit
Krottenkopf (2086 m)	10	140	20 Min.	leicht
Latschenkopf (1712 m)	11	390	1,5 Std.	leicht
Laubeneck (1758 m)	4	200	45 Min.	leicht
Leutascher Dreitorspitze (2682 m)	9	330	3 Std.	anspruchsvoll
Oberer Rißkopf (2049 m)	10	100	15 Min.	mittel
Partenkirchener Dreitorspitze (2633 m)	8	770	3 Std.	anspruchsvoll
Partenkirchener Dreitorspitze (2633 m)	9	270	1,5 Std.	anspruchsvoll
Probstenwand (1613 m)	11	290	1,25 Std.	leicht
Pürschling (1566 m)	4	2	5 Min.	leicht
Rotwand (1884 m)	15	120	20 Min.	leicht
Rotwand (1884 m)	14	320	1 Std.	leicht
Säuling (2047 m)	1	330	1 Std.	anspruchsvoll
Schildenstein (1611 m)	16	80	45 Min.	leicht
Schinder (1804 m)	20	1000	2,5 Std.	leicht
Schmalegger Joch (1633 m)	20	820	2,5 Std.	leicht
Schönberg (1620 m)	12	280	1,5 Std.	leicht
Seekarkreuz (1601 m)	12	270	30 Min.	leicht
Stolzenberg (1609 m)	13	220	2 Std.	leicht
Stümpfling (1580 m)	13	220	1 Std.	leicht
Taubenstein (1592 m)	14	125	25 Min.	anspruchsvoll
Teufelstättkopf (1758 m)	4	200	30 Min.	mittel
Trainsjoch (1708 m)	18	370	3 Std.	leicht
Vorderscheinberg (1827 m)	2	530	2,5 Std.	mittel
Westl. und Östl. Torspitzen (2444 m)	9	80	10 Min.	mittel
Zugspitze (2962 m)	5	1575	6 Std.	anspruchsvoll
Zugspitze (2962 m)	7	1600	5 Std.	leicht
Zugspitze (2962 m)	6	910	3 Std.	leicht

Register

Bildnachweis

G. Amberg: S. 13, 17; B. & H. Antes: innere Klappe, r.; H. Bauregger: S. 38 o., 40 u., 42 u., 52 o., 58 M.; A. Dick: S. 4 o., u., 6 M., u.; W. Fischer: S. 19, 31, 34 o., 36 u., 64; D. Fuchs: innere Klappe unten, S. 1 r., 6 o., 7 (2), 53; E. Gronau: S. 10 u., 14 u. 32 o.; S. Herbke: S. 38 u, 39; G. Kürzinger: S. 2/3; K. Puntschuh: S. 21, 37; E. Oßwald/Alpine Action: innere Klappe Mitte, 5 u., 16 u., 18 (3), 22 o., 26 (2) 47; O. Schraml: S. 8 o.; F. Zengerle: innere Klappe oben, S. 1 l., 9, 12 o. Alle anderen Aufnahmen stammen vom Autor.

Titelbild: Das Rotwandhaus im Spitzingseegebiet.
Abbildung S. 64: Herbstliches Nebelmeer über dem Walchensee; im Hintergrund das Wettersteingebirge.

Autor und Verlag bemühen sich um zuverlässige Information. Fehler und Unstimmigkeiten sind jedoch nicht auszuschließen. Eine Garantie für die Richtigkeit der Angaben kann deshalb nicht gegeben werden. Eine Haftung für Schäden und Unfälle wird aus keinem Rechtsgrund übernommen.

Für Korrekturhinweise sind wir dankbar. Zuschriften bitte an
W. Ludwig Verlag, Goethestr. 43, 80336 München.

Konzeption	Heinrich Bauregger
Textredaktion	Barbara Zander
Bildredaktion	Ursula Binder
Produktion	Manfred Metzger
Graphische Gestaltung	Manuela Hutschenreiter
Kartographie	Landkartentechnik Klaus Becker, Gernlinden
Satz und Layoutrealisation	AVAK Publikationsdesign, München
Druck und Bindearbeiten	Bertello, Borgo San Dalmazzo

Printed in Italy
Gedruckt auf chlor- und säurefreiem Papier
ISBN 3-7787-2156-9